Working Papers
The National Museum of Denmark

10

Rédigé par
Søren Dietz et Steffen Trolle

Premier rapport préliminaire sur les

Fouilles Danoises
à Carthage.

Les campagnes de 1975 et 1977

Redaktion: Henning Dehn-Nielsen
Produktion og omslag: Johs Frederiksen
Oversættelse/traduction: Sonja Devaux
Renskrivning af tekst: Marianne Willumsgaard og Connie Villemoes
Plantegninger: Elga Andersen
Tegninger: Poul Christensen
Tryk: B.Stougaard Jensen
© Copyright: Nationalmuseet, København 1979
ISBN 87-480-0224-0

Les archéologues danois ont une longue tradition de recherches ar-
chéologiques dans les pays méditerranéens et proche-orientaux;
parmi les toutes premières de ces recherches on compte les travaux
topographiques fondamentaux du consul général danois M. C.T.Falbe,
travaux qui furent menés à bien à l'aube du XIXe siècle dans l'antique ville de Carthage.

M. Falbe s'est passionné, au cours des années qu'il a passées à
Tunis, pour l'archéologie et l'histoire antique du pays. Et c'est
cette passion qui lui a permis, par des achats et des fouilles,
d'acquérir une grande collection d'objets anciens qui, exposés aujourd'hui dans la Collection d'Antiques du Musée National danois,
esquissent, pour le visiteur, l'intéressante histoire de la nation
tunisienne sous l'emprise des Phéniciens et des Romains et révèlent,
en même temps, la signification de cette histoire pour les fonde-
ments de notre propre culture.

Ce n'est donc pas un simple effet du hasard si les fouilles de Carthage sont les premières fouilles danoises entreprises dans la région méditerranéenne qui soient l'oeuvre toute entière du Musée
National.

Outre le grand intérêt que présentent ces fouilles en matière de
recherche j'aimerais insister, ici, sur le fait que le second objectif du projet de l'Unesco "Pour sauver Carthage", objectif qui
consiste à rendre l'antique ville accessible aux visiteurs grâce
à la mise au jour et à la restauration des vestiges antiques, est
tout aussi important que la possibilité qui nous est offerte de
perpétuer la tradition danoise de recherche sous des formes plus
modernes - ces deux facettes du projet de l'Unesco constituant une
étape dans une coopération internationale de première importance
qui ouvre de nombreuses perspectives.

Je tiens à exprimer mes plus vifs remerciements, au nom du Musée
National danois ainsi qu'au nom des membres de l'expédition danoise, au directeur de l'Institut National d'Archéologie et d'Art
de Tunis M. Azeddine Beschaouch pour l'aimable assistance qu'il a
prêtée à ceux-ci lors des fouilles, ainsi qu'au ministre tunisien
de la culture Son Excellence M. Chedli Clibi pour l'autorisation
officielle de fouille qu'il a bien voulu nous accorder.

J'aimerais également exprimer toute ma reconnaissance à la Fondation Tuborg qui dans ce cas-ci, tout comme la Fondation Carlsberg dans de nombreux autres cas, a rendu l'expédition possible en mettant, avec le Conseil de Recherche en Sciences Humaines de l'Etat, les sommes nécessaires à notre disposition. Sans la bonne volonté de ces institutions la participation du Danemark à cette importante oeuvre internationale de recherche et de restauration n'aurait pas été possible.

Je tiens, enfin, à remercier le Ministère danois de la Culture qui a accordé d'importantes subventions à l'expédition danoise.

P.V. Glob

Directeur du Musée National de
Danemark et Directeur général
du Service des Monuments Historiques

Préface par M. P.V. Glob 3
Table des matières 5
Liste des illustrations (Figures et plans) 6
Liste des abbreviation 8
Introduction par M. Søren Dietz .... lo
Description préliminaire des vestiges - Datation par
M. Søren Dietz 21
Découvertes d'objets en céramique et de pièces de monnais
par M. John Lund, Mme. Anne Kromann Balling, M. Thyge Bro
et M. Steffen Trolle 51
Rapport préliminaire sur les squelettes excavés dans les
tombeaux AG et AO par MM. Bruno Frölich et David Kopjan-
ski .... llo
Déterminations préliminaires des inscriptions par M.
Bengt Malcus 117
Appendice no. 1 : Commentaires sur le levé de plan par
Mme. Elga Andersen 125
Appendice no. 2 : Stratigraphie générale - Description
des coupes - Définitions et terminologie des couches par
M. Søren Dietz 127

Liste des illustrations

(Figures et plans).

Fig. 1   Le versant du site 90 avant les fouilles.

Fig. 2   Aperçu des carrés excavés. (Dessiné par Mme.E.Andersen)

Fig. 3   Vue d'ensemble de l'excavation prise du NNE.

Fig. 4   La canalisation BB vue du NNE.

Fig. 5   Le citerneau avec et sans couverture de tuiles.

Fig. 6   Le mur BC vu du SE.

Fig. 7   La canalisation CO vue de l'OSO.

Fig. 8   La citerne AS vue de l'N.

Fig. 9   La pièce voûtée CL et le vestibule AM vus de l'E.

Fig.10   Le coin NO de la pièce voûtée CL.

Fig.11   Le mur sud de la pièce voûtée CL.

Fig.12   Le mur est de la pièce CL.

Fig.13   Le bassin oriental de la pièce CL.

Fig.14   La pièce AM.

Fig.15   Le pilier de la pièce AM.

Fig.16   La pièce AG vue de l'E.

Fig.17   Murs appartenant aux pièces AO, AG et autres.

Fig.18   Les constructions AO/BD vues de l'E.

Fig.19   La canalisation CS avec citerne.

Fig.20   Le tombeau de la pièce AG vu de l'E.

Fig.21   Les squelettes AG8 et AG9.

Fig.22   Le tombeau de la pièce AO.

Fig.23   Le tombeau de la pièce AO. Les squelettes AO19 et
          AO20 avec un ensemble d'offrandes funéraires dans le
          coin NO.

Fig.24   Le mur ouest de la maison BD.

Fig.25   Le mur CD dans la TR 25/30.

Fig.26   Un morceau de la mosaïque CC vu de l'E.

Fig.27   Le sol mosaïqué CC dans la TR 20/25, vu de l'E.

Fig.28   Le carré 25/30. Les murs CD et CP.

Fig.29   La mosaïque CT et la fosse de spoliation.

Fig.30   La mosaïque CT.

Fig.31   Le mur nord de la ruine CH vu du sud.

Fig.32a   Monnaie punique en bronze trouvée à Carthage (F77-486),
          et frappée aux environs de 241-221. Sous la tête de
          cheval on peut distinguer la trace de la lettre aleph,
          lettre qui est bien plus distincte sur la fig.b.

Fig.32b Exemplaire conservé par la Collection Royale des Mon-
         naies et Médailles du Musée National danois (SNG 220).
Fig.33a Monnaie punique en bronze trouvée à Carthage (F77-485)
         et frappée aux environs de 200-146.
Fig.33b Exemplaire conservé par la Collection Royale des Mon-
         naies et Médailles du Musée National danois (SNG 414).
Fig.34   Monnaie punique en bronze, frappée en Sardaigne aux en-
         virons de 264-41 sur une ancienne monnaie sarde. Plus
         récemment, quelqu'un y a incisé le nom de DIDO sur la
         (SNG 219).
Fig.35   Monnaie punique en bronze frappée à Carthage aux envi-
         rons de 241-221. Sous la tête de cheval on aperçoit
         la lettre aleph (SNG 253).
Fig.36   Tombeau AG Cat.no. 1.
Fig.37   Tombeau AG Cat.no. 23.
Fig.38   Tombeau AG Cat.no. 46.
Fig.39   Tombeau AG Cat.no. 47.
Fig.40   Tombeau AO Cat.no. 2.
Fig.41   Tombeau AO Cat.no. 3.
Fig.42   Tombeau AO Cat.no. 4.
Fig.43   Tombeau AO Cat.no. 5.
Fig.44   Tombeau AO Cat.no. 6.
Fig.45   Tombeau AO Cat.no. 9.
Fig.46   Tableau anthropologique.
Fig.47   Inscription. Cat.no. 1.
Fig.48   Inscription. Cat.no. 2.
Fig.49   Inscription. Cat.no. 3.
Fig.50   Inscription. Cat.no. 4.
Fig.51   Inscription. Cat.no. 5.
Fig.52   Inscription. Cat.no. 6.
Fig.53   Inscription. Cat.no. 7.

Plan I: Plan simplifié de l'emplacement des murs, mesuré en
          1975 et 1977.
Plan II: Mesurage des tombeaux AG et AO.
Plan III: La coupe 50 métres N.
Plan IV: La coupe 30m0.
Plan V: La coupe 35mN.

LISTE DES ABREVIATIONS.

Str	: strate
TR	: tranchée
H	: hauteur
D	: diametre
D mx	: diametre maximum

Almagro 1953	: M. Almagro, Las Necropolis de Ampurias I.
BIFAO	: Bulletin de l'Institut Français d'Archéologie Orientale.
CIL	: Corpus Inscriptionarum Latinarum.
Cintas	: P. Cintas, Céramique Punique. Paris 195o.
Falbe, Recherches	: C.T. Falbe, Recherches sur l'emplacement de Carthage. Paris 1833.
Fantar-Chalbi 1972	: M.H. Fantar - F. Chalbi dans Latomus 31, 349 - 378.
Ferron-Pinard 196o-61	: J. Ferron - M. Pinard dans les Cahiers de Byrsa 9, 77 - 17o.
Hayes LRP	: J.W. Hayes, Late Roman Pottery. The British School at Rome. London 1972.
Hayes 1976	: J.W. Hayes dans Excavations at Carthage 1975 conducted by the University of Michigan I, 1976, 47 - 1o8.
Hayes 1978	: J.W. Hayes dans Excavations at Carthage 1976 conducted by the University of Michigan IV, 1978.
Hesp.	: Hesperia. Journal of the American School of Classical Studies at Athens.
Hesp. Suppl.	: Hesperia. Supplement.
Jehasse-Jehasse 1973	: J. Jehasse - L. Jehasse, La Nécropole préromaine d'Aléria (196o - 1968). 25 Supplément à "Gallia", 1973.
Karthago	: Karthago; Revue d'Archéologie Africaine.
Lamboglia 1952	: N. Lamboglia, Atti del Primo Congresso Internazionale di Studi Liguri, 1952, 139 - 2o6.

Lancel 1977   : S. Lancel, Antiquités Africaines 11.,
                       1977, 19 - 49.
MAAR   : Memoirs of the American Academy in Rome.
Morel 1965   : J.-P. Morel - J.P. Callu - R. Rebuffat
                       - G. Hallier, Thamusida, Fouilles du
                       Service des Antiquités du Maroc, 1
                       (École Française de Rome, Mélanges d'Ar-
                       chéologie et d'Histoire, Suppléments,
                       2, 1965).
Morel 1967   : J.P. Morel, Bulletin d'archéologie al-
                       gérienne 1, 1962 - 1965 (1967), 1o7-137.
Morel 1976   : J.P. Morel, Hellenismus in Mittelitali-
                       en 2. Abhandlungen der Akademie der
                       Wissenschaften in Göttingen, Philolo-
                       gisch - Historische Klasse Dritter Fol-
                       ge, 1976, 488 - 497.
NMArb   : Nationalmuseets Arbejdsmark, - Publica-
                       tion annuelle danoise. Par erreur souv-
                       ent citée comme Champ d'Activité du Mu-
                       sée National de Copenhague.
RivStFen   : Rivista di Studi Fenici.
RivStLig   : Rivista di Studi Liguri.
SNG   : Sylloge Nummorum Graecorum.
UOM Exc. I   : Excavations at Carthage 1975. Conducted
                       by the University of Michigan, Tunis
                       1976. (Institut National d'archéologie
                       et d'art - American School of Oriental
                       Research).

Introduction.

Le présent rapport préliminaire qui traite des fouilles effectuées par le Musée National danois à Tunis dans le cadre du projet de
l'UNESCO "Pour sauver Carthage" concerne les campagnes menées en
1975 et 1977.

(Publications : Marie-Louise Buhl og Søren Dietz. Karthago bør red-
des. Nationalmuseets Arbejdsmark 1975, p. 183-185. Søren Dietz.
Dansk Arkæologi i Karthago. Sfinx 1. årgang nr. 3 (1977-78) p. 72-
76. Elga Andersen, Søren Dietz, Anne Kromann, John Lund og Steffen
Trolle. Nye danske udgravninger i Oldtidens Karthago. Nationalmuseets Arbejdsmark 1978, p. 5o-64. Steffen Trolle. Campagne UNESCO :
Danemark CEDAC, Carthage Bulletin 1, Septembre 1978 p. 9).

L'examen des squelettes trouvés dans les tombeaux AG et AO a été
effectué lors de la campagne d'enregistrement de 1978 au cours de
laquelle un certain nombre de squelettes furent également excavés.

La région dans laquelle l'expédition a effectué des fouilles au
cours des deux campagnes de 1975 et 1977 fut localisée à l'aube
du 19e siècle par l'actuel consul général du Danemark, à Tunis,
M. C.T. Falbe, qui lui donna la désignation "9o" sur une carte
datant de 1831 ainsi que dans la description attenante (réf. C.T.
Falbe : Recherches sur l'emplacement de Carthage, Paris 1833, p.
43). M. Falbe ramena du site 9o une mosaïque romaine représentant
une néréide qui, après avoir été offerte au Roi du Danemark, Chri-
stian VIII, fut léguée au Département des Antiquités Proche-Orientales et Classiques du Musée National danois. Le site 9o qui se
trouve à proximité immédiate du palais présidentiel tunisien, et
plus exactemant, au nord de celui-ci, fut choisi comme lieu de
fouilles avec comme point de départ la mosaïque romaine représentant une néréide. L'objectif fut formulé en ces termes :
"une excavation complète de la construction à laquelle la mosaïque
appartenait ...... ainsi qu'une fouille en profondeur, au même endroit, afin d'atteindre les couches puniques et offrir, par là,

une large contribution aux recherches sur la vieille ville de
Carthage ..... ".

Les promoteurs du projet Mme. le Dr.Phil. Marie-Louise Buhl, conservateur en chef au Musée National danois, et M. le Dr.Phil. P.J.
Riis, professeur à l'Université de Copenhague menèrent des négociations avec les autorités tunisiennes, lors de leur visite au
site 9o, en décembre 1973, visite qui put être menée à bien grâce
à l'appui de la fondation Carlsberg. A l'occasion de ces fouilles un
comité de coordination fut établi avec la participation des deux
personnes mentionnées précédemment ainsi que de M. le professeur
Wilhelm Wohlert, architecte, qui fait partie de l'Académie Royale
danoise des Beaux-Arts. Le projet danois de fouilles à Carthage a,
en fait, depuis l'automne 1976, été dirigé, tant pour la forme que
pour le fond, par M. le professeur Dr.Phil. P.V. Glob, directeur
du Musée National danois. Nous saisissons l'occasion pour remercier, ici, MM. les professeurs C.J. Becker et J.E. Skydsgaard de
l'Université de Copenhague sans l'intérêt desquels le présent
projet aurait difficilement pu être mené à bien.

Lors des deux campagnes en question (la campagne de 1975 a duré
du 15 avril au 17 mai et la campagne de 1977 du 1er septembre au
21 octobre) le signataire de ces lignes a fait office de Directeur
des Fouilles et Mme. Elga Andersen, M.A.A., d'architecte. Ont
également participé à la campagne de 1975 MM. John Lund et Jan
Stubbe Østergård, étudiants. La campagne de 1977 a également
compté la participation des conservateurs adjoints de musée M.
Steffen Trolle et Mme. Stine Wiell, du conservateur de musée M.
Morten Djørup et des étudiants ès sciences M. John Lund, M. Finn
Ole Nielsen, M. Steen Ole Jensen, Mme. Bodil Mortensen et M.
Claus Grønne.

Lors de la campagne de 1977 les travaux furent répartis comme suit:
M. Finn Ole Nielsen et Mme. Stine Wiell firent office, respective-
ment aux mois de septembre et d'octobre, d'assistants aux travaux
sur le terrain. M. John Lund et, pour un mois, M. Steffen Trolle,
effectuèrent l'enregistrement du matériel excavé au Musée de Byrsa.
A l'exception de quelques coupes et plans de fouilles dessinés par
Mme. Bodil Mortensen, M. Steen Jensen, M. Finn Ole Nielsen et M.
Claus Grønne tous les travaux de dessin furent exécutés par Mme.

Elga Andersen. M. Søren Dietz prit, quant à lui, toutes les photos
sur le terrain. Et la photographie des objets anciens fut prise
en charge par M. Claus Grønne.

Les participants aux campagnes de fouilles doivent beaucoup à
leurs collègues tunisiens ainsi qu'aux membres des autres expéditions participant au projet de l'UNESCO. Le conservateur en chef
du Musée de Carthage, M. Abdelmajid Ennabli, a fait preuve d'un
intérêt et d'une énergie jamais en défaut en résolvant toute une
série de problèmes à la fois formels et pratiques, chose qui a
largement facilité les travaux de l'expédition. Son assistant, M.
Salah Matlouti, a également contribué, de façon éminente, à la
solution des problèmes pratiques.

Lors des deux campagnes qui ont été menées à bien l'expédition a
bénéficié de l'aide pratique, des conseils ainsi que de l'appui
de différents experts de plusieurs autres expéditions dont les
chefs étaient: M. le professeur L. Stager, M. John H. Humphrey,
M. le professeur John Griffeth Pedley et M. Henry Hurst. L'expédition a également été aidée, considérablement, par les fructueuses
discussions qu'elle a eues avec les membres de l'expédition fran-
çaise (MM. S. Lancel, P. Gros et J. Deneuve), l'expédition alle-
mande (M. F. Rakob), ainsi qu'avec les deux expéditions canadien-
nes. (MM. R. Senay, C.M. Wells, J.W. Hayes et Madame Lucinda Neuru).

Enfin et surtout, nous tenons à remercier, très chaleureusement,
le personnel de l'ambassade danoise de Tunis : MM. les chargés
d'affaire J. Torsteinsson et Johan Lunde-Christensen ainsi que
Madame Ingerlise Ennabli et Madame Kirsten Hansen. L'expédition
n'aurait pas pu être menée à bien sans leur constant appui. Lors
de la campagne de 1975 l'ambassadeur du Danemark en Algérie et à
Tunis, M. Hans Møller, a fourni à l'expédition une assistance absolument remarquable lors des négociations qui ont été menées avec
les autorités tunisiennes. Le Ministère des Affaires Etrangères
danois a également facilité les travaux de l'expédition sur de
nombreux points.

La campagne de 1975 a occupé, en moyenne, 15 ouvriers tunisiens
alors que celle de 1977 a disposé de 18 à 25 personnes.

Fig. 1.
Le versant du Site 9o
avant les fouilles.

Fig. 3.
Vue d'ensemble de l'excavation prise du NNE.

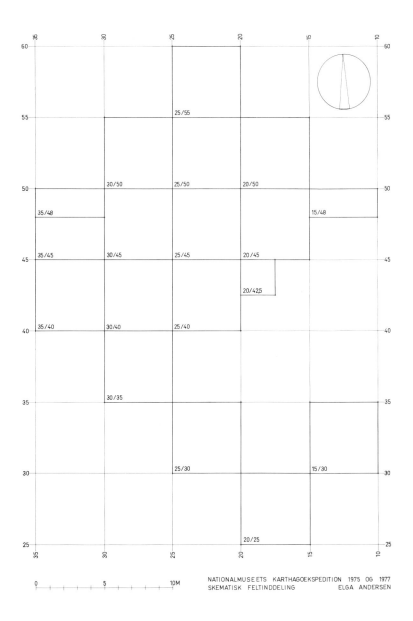

Fig. 2.   Aperçu des carrés excavés.

14

Région des fouilles. Activités précédentes.

La région dans laquelle l'expédition danoise a pratiqué des fouilles
se situe près de la plage, au nord du moderne palais occupé par le
Président tunisien. Le versant sur lequel les zones d'action ont
été choisies s'élève vers l'ouest jusqu'à un escarpement sur lequel il y avait, au temps du protectorat français, un couvent pour
Soeurs de l'Ordre de Sainte Monique, couvent dont le bâtiment est
intégré, aujourd'hui, à une école technique. Sur les loo mètres
environ qui séparent l'escarpement sur lequel se trouve l'école de
la mer il y a une élévation du terrain de près de 5o m. Mais la
pente est, cependant, interrompue, à plusieurs endroits, par des
plateaux presque horizontaux (photo de la fig. 1). Au sud, la zone
est limitée, de façon naturelle, par un ravin au fond duquel on
peut apercevoir, lorsqu'il y a suffisamment d'eau, un petit ruisseau
qui, à l'époque, a dû donner naissance au ravin en question.
Entre le ravin et la zone de fouilles il y a, aujourd'hui, un escalier en béton qui, à l'époque, fut édifié afin de relier le couvent
à son cimetière, près de la plage. D'après les bruits qui courent
dans la région même cet escalier aurait été construit par des pri-
sonniers de guerre allemands à la fin de la seconde guerre mondi-
ale. La végétation que l'on peut observer aux alentours de l'escalier ainsi que dans le ravin est principalement constituée de pins
parasols et d'eucalyptus alors que le reste de la végétation du
versant est, lui, constitué de cactus, de mimosas et de buissons
"piquants". Avant que ne commencent les fouilles on pouvait voir
(fig.1) sur le versant, le long du rivage et d'un chemin nouvelle-
ment tracé, un mur qui était visiblement d'origine romaine et qui
a, aujourd'hui, été renforcé par du béton moderne. On pouvait également voir le dessus d'une voûte de citerne romaine. Le long de
l'escalier on peut, d'ailleurs, voir de nombreux restes de murs
pouvant vraisemblablement être attribués à l'époque romaine. Sur
toute la surface du versant on peut trouver des tessons dont la
majeure partie date de l'époque qui va du IIIe siècle av. J.-C.
aux Ve et VIe siècles ap. J.-C. (céramique campanienne et de la
basse époque romaine). On y trouve également des tessons de céramique islamique. Le fait que ces tessons soient dispersés sur le
versant tend à prouver qu'il a été peuplé durant l'Antiquité à
une ou plusieurs époques situées aux siècles indiqués ci-dessus.

L'identification du site 9o de Falbe est, comme signalé précédemment, basé sur une carte tracée par Falbe en 1831 et qui fut publiée
dans l'ouvrage "Recherches sur l'emplacement ...." qui est sorti
à Paris en 1833. Sur cette carte le chiffre 9o a été placé sur le
côté nord de la sortie du ravin vers la plage. Les fouilles effectuées dans cette région sont mentionnées dans la publication signalée
ci-dessus, à la p.43, dans les termes suivants :
"En 1824, je découvris un autre pavé de mosaïque au point n°9o,
près du rivage, où finissent les môles : un espace de trente pieds
carrés, et de huit à dix de profondeur, fut déblayé; trois jours
après, le ministre de la marine du Bey, à l'instigation d'un anti-
quaire européen, envoya des gens pour briser cette mosaïque, sous
laquelle on lui avait fait accroire qu'il trouverait une caisse
de plomb, remplie de monnaies d'or et d'argent".
Il est probable que le mouchard a effectué, lui-même, des recherches au lieu dit.
"Mais jusqu'à ce jour il a gardé le silence, et nous attendons encore la publication de ses travaux .....".
L'indication topographique selon laquelle la zone de fouilles devrait être située là où les môles finissent donne une base relativement solide pour la localisation de la zone étant donné que M.
Falbe indique, sur la carte qu'il a tracée en 1831, l'emplacement
des formations visibles sous la surface de l'eau, formations qu'il
considérait comme étant des môles romains (Falbe cit.p.45 et suivantes). A l'endroit, le long du rivage, où M. Falbe a situé l'extrémité nord de ces môles, à la pointe de terre qui se trouve en
contrebas de Bourge-Gjedid, on peut, aujourd'hui, apercevoir des
formations rocheuses ayant un profil assez régulier. L'identification de ces formations comme étant les môles dont parle M. Falbe
semble assez évidente bien que des recherches effectuées au mois
d'avril 1975 tendent à prouver qu'il s'agit probablement, là, de
formations géologiques qui se sont stratifiées naturellement et
qui ont le même âge que la roche rouge que l'ont peut voir, aujourd'hui, au nord de l'Hôtel Hamilcar. L'ouvrage signalé plus
haut nous apprend également que M. Falbe a effectué des fouilles
dans un secteur qui fait trente pieds carrés de surface et de huit
à dix pieds de profondeur et enfin, qu'il pratiqua une seconde excavation, un peu plus tard, au cours de la même année.

Les fouilles du site 9o furent reprises, en 1838, par Sir Grenville
Temple et M. Falbe pour le compte de la "Société pour l'Explora-
tion de Carthage" qui fut fondée à Paris en 1837. Le premier et
unique ouvrage relatant leur expédition parut, à Paris, en 1838,
mais cet ouvrage traitait, principalement, de l'expédition à Bone
et à Constantine (Falbe 1838). La fig. 1 de la planche IV de cet
ouvrage nous montre un dessin de la mosaïque à la néréide signalée plus haut, mosaïque que le tableau de la p. 1o8 nous dit être
originaire du site 9o. Ce sont les seuls éléments dont il est fait
mention dans cet ouvrage mais l'on peut trouver de nombreuses informations complémentaires intéressantes dans le registre des ac-
quisitions   du Kongelige Kunstmuseum (Musée Royal d'Art)
de 1842. Il ressort, notamment, de ce registre que la mosaïque en
question "fut trouvée entre les 2o et 23 mars 1838 dans la salle
n°1 de la maison n°9o de la carte de Falbe. Elle était fort endommagée et les différentes couches que l'on peut observer dans ce
sol prouvent que la construction avait fait l'objet de plusieurs
réparations. Les murs de la salle étaient constitués de fresques
peintes tout comme celles que l'on peut voir à Pompéi .....".
Cela signifie donc que les fouilles de ce site ont été reprises en
1838, mais, cette fois, à une plus grande échelle. Il ressort également du registre "qu'un très grand sol fut mis au jour, sol au
milieu duquel on pouvait voir une divinité marine de dimensions
absolument colossales ...." (et dont seule la tête fut ramenée à
Paris). Autour de cette divinité il y avait quatre figures dont la
néréide. Les termes "dans la salle n°1" tendent à prouver que la
maison se composait de plusieurs pièces. L'on pouvait également
s'attendre à trouver des réparations du sol (éventuellement plusieurs sols superposés) ou des murs, probablement des fragments de
fresques et, peut-être, des parties conservées du sol en mosaïque.

L'organisation, la procédure, la terminologie et la méthode d'enregistrement utilisées lors des fouilles.

(le système d'excavation, d'enregistrement et de terminologie utilisé ici a été élaboré et pratiqué partiellement lors des fouilles
danoises et suédoises qui ont eu lieu à Asine, dans le Péloponnèse,
dans le sud de la Grèce. Voir le compte rendu "S. Dietz, Asine II,1
: General Stratigraphical Analysis and Architectural Remains" qui
paraîtra en 198o dans l'édition suédoise Skrifter Utgivna av Sven-

ska Institutet i Athen, Sthlm).

Lorsque les fouilles furent entreprises, en 1975, nous avons établi
un système de mesure quadrillant le versant en carrés de cinq
mètres de côté, orientés N-S/E-O (fig. 2). Comme axe central nous
avons choisi une ligne est-ouest située légèrement au sud de la
citerne que l'on peut voir sur le terrain et cette ligne coupe le
versant à l'endroit le plus haut et apparemment le plus intact.
Cette ligne a reçu la désignation fictive : 5omN. Une ligne orientée N-S qui court au pied du versant et le long de la partie de
mur visible a reçu la désignation fictive : 1omO. Comme point de
repère pour les mesures de niveaux nous avons choisi un point sur
la partie de mur qui se situe au pied du versant et ce point de
repère s'est vu attribuer la valeur de niveau fictive de + 1o m
(la hauteur réelle par rapport au niveau d'eau normale semble être
moindre).

Les carrés de fouille ont été, que l'on ait excavé un carré de
cinq mètres de côté dans son entièreté ou une partie seulement de
ce carré, numérotés d'après la coordonnée du coin sud-ouest (O/N),
ce qui donne une assez grande flexibilité (fig. 2). En plus du
matériel trouvé dans les couches enregistrées nous avons recueilli
des trouvailles uniques que nous avons sélectionnées soit en raison de leur valeur propre spéciale (pièces particulièrement inté -
ressantes) soit en raison de leur signification particulière pour
l'évaluation chronologique; ces trouvailles ont été désignées par
la lettre F + les deux derniers chiffres de l'année en question +
un numéro de série (par ex. F 75-1, F 75-2 .... F 77-52, F
77-53, etc....).
Chaque trouvaille a été enregistrée à l'aide de coordonnées ainsi
que d'un niveau. Au cours de la campagne de 1975 nous avons découvert 222 trouvailles de ce genre, lors de la campagne de 1977,
5o9.

Nous avons également enregistré des parties d'architecture qui
sont soit des "ruines" fixes, des tombeaux, des remblais ou des
concentrations d'objets anciens.

Chaque ruine a été numérotée en série, indépendamment de l'année
de fouille, par deux majuscules, à commencer par AA (ce qui donne
les séries suivantes : AA, AB, AC .... BA, BB ....). Le numérotage des ruines a atteint la désignation CX au cours de la

campagne de 1977. Les parties de ruines, groupes de trouvailles ou
trouvailles uniques ayant un rapport direct avec une ruine ont été
classés comme trouvailles de ruine et ont été désignés par l'addi-
tion d'un chiffre (par. ex. CF 1). Les trouvailles uniques se rap-
portant à une ruine partielle ou à un groupe de trouvailles se
sont vues attribuer un chiffre supplémentaire après une virgule
(par ex. CF 1,2). Dans certains cas des strates entières ayant un
rapport avec une ruine se sont vues attribuer un numéro de ruine
(par. ex. AG 2, AG 3).

Comme nous avons voulu, dans toute la mesure du possible, enregistrer les coupes tous les cinq mètres, à la fois en direction N-S
et E-O, nous avons excavé les différents carrés d'après un système
d'échiquier, ce qui signifie que nous avons d'abord excavé les
carrés "blancs" puis les carrés "noirs". Dans les coins où les
carrés se rencontrent nous avons évidé un triangle isocèle de
trente centimètres de hauteur afin de laisser un passage à la
brouette. En 1975 nous avons ouvert deux carrés de deux mètres sur
cinq ainsi que quatre carrés de cinq mètres de côté d'après le
système suivant : 15/48; 2o/5o; 25/45; 3o/5o; 35/48 et 25/55 et
avons, ensuite, dessiné et enregistré les coupes, autant que possible, tous les cinq mètres. Il est bien évident que nous n'avons
pas dessiné les coupes rencontrant un mur ou autre chose du même
genre. Les carrés ont été excavés aussi profondément que nous
l'avons jugé nécessaire, par exemple, jusqu'à une couche de sol,
après quoi les carrés contigus ont été excavés d'après les coupes
enregistrées et dessinées. Cette méthode fait que nous avons pu
coordonner les observations horizontales et verticales et garantir,
en même temps, l'utilisation de la même terminologie pour une même
couche enregistrée à la fois du point de vue coupe et surface.
Lorsque nous avons atteint une surface naturelle nous avons rééta-
bli le réseau des carrés de cinq mètres de côté et nous avons pour-
suivi l'excavation, plus en profondeur, selon le même principe.
Sur la Fig. 2 on peut voir quels carrés ont été excavés, respectivement, en 1975 et en 1977, et quelles coupes ont été enregistrées et dessinées au cours de ces deux campagnes.

Fig. 4.

La canalisation BB vue du NNE. A droite on aperçoit les restes d'un mur, qui sont provisoirement supposés faire partie d'un terrassement.

Fig. 5.

La citerneau avec couverture de tuiles. Vue du N.

Description préliminaire des vestiges - Datation des vestiges.

La description que nous vous donnons, ci-dessous, des ruines excavées ne peut avoir qu'un caractère préliminaire puisqu'aucun ve-
stige n'a encore été excavé complètement. C'est la raison pour laquelle l'interprétation et l'estimation détaillées de la fonction
de chaque ruine et construction devra se faire à un moment où les
fouilles seront plus avancées. L'enregistrement des objets anciens
utiles à la datation est, par contre, si avancé que nous pouvons,
dès à présent, établir, avec une relative sûreté, les grandes
lignes de la datation des ruines sans oublier, bien sûr, qu'un
certain nombre de détails risquent de venir s'ajouter au cours de
recherches futures. Le compte rendu qui va suivre devra donc, avant
tout, être considéré comme une première tentative d'évaluation du
placement chronologique relatif et absolu des ruines entières et
partielles qui ont été mises au jour jusqu'à aujourd'hui.

Sur le plan numero I   nous avons dessiné les ruines dont il est
question ci-dessous (nous attirons votre attention sur le fait que
le plan n'est pas complet étant donné que nous n'avons pas eu le
temps de dessiner toutes les excavations effectuées au cours de
l'expédition de 1977).
La fig. 3 montre l'état des fouilles à la fin du mois d'octobre,
c.-à-d. au terme de l'expédition de 1977.

Notre compte rendu prend son point de départ dans les carrés occidentaux, c.-à-d. en haut du versant. Nous commencerons par les
ruines orientées NNE-SSO pour passer ensuite aux ruines orientées
N-S.
BB : (fig. 4). Nous pensons pouvoir affirmer de façon très sûre
que la ruine BB est une canalisation d'eau douce reliée à un citerneau que l'on voit en avant-plan sur la fig. 4. La canalisation et
le citerneau sont faits de béton et leur surface a été aplanie à
l'aide d'enduit de béton. La canalisation et le citerneau étaient
recouverts de tuiles de réemploi fixées aux bords par du mortier
(fig. 5). Mais il ne nous fut pas possible de recomposer ne fût-ce
qu'une tuile dans son intégralité. Parmi les tuiles couvrant le
citerneau nous en avons trouvé une pourvue d'un cachet de fabrication indiquant qu'elle avait été fabriquée par un atelier de Rome au

Ier siècle ap. J.-C. (voir sous Malcus ainsi qu'au chapitre relatif à la datation). La canalisation descend régulièrement en direction SSO avec une déclivité d'environ 10 cm sur 7 cm. Une autre canalisation qui part du citerneau vers l'est a dû être coupée, au cours de l'Antiquité, par le mur BC (fig. 6 ci-dessous) et
plus tard par une fosse de spoliation moderne. (J'aimerais remercier, ici, M. Le Dr. Thorkild Schiøler de l'enthousiasme dont il
a fait preuve en la matière en acceptant de discuter avec moi de
l'interprétation à donner à cette ruine ainsi qu'en mettant tout
son savoir à ma disposition. M. Schiøler a établi un parallèle avec
Volubilis et Utica).

BC : (fig. 6)
C'est une partie de mur constituée de pierres de taille en grès du
pays. La partie excavée n'est conservée que sur un maximum de 7
couches. Les couches manquantes ont été pillées à une époque relativement récente, thèse qui est appuyée par l'existence d'une fosse
de spoliation nettement marquée, à l'est de la ruine BB. Certaines
des couches contenant le mur BC n'ont pas encore été dégagées.

CO : (fig.7)
C'est une canalisation orientée ONO-ESE qui n'a été excavée que par
endroits. Cette canalisation est constituée de pierres taillées de
façon irrégulière, pierres qui ont été posées de manière à s'adap-
ter les unes aux autres; le dessous de ces pierres est recouvert
d'un enduit grossier. Le fond de la canalisation n'a pas encore
été dégagé : le niveau le plus bas atteint au cours des excavations
est de 1 m 13, à compter du bord de la canalisation. Dans la partie
ouest, sous BB et BC, la canalisation CO est recouverte de pierres
de taille dressées qui reposent sur les bords de la canalisation.
Dans la zone orientale de la partie excavée de la canalisation CO
nous avons vu apparaître, juste à l'endroit où la coupe 30mO
tranche la canalisation, l'extrémité d'une dalle plate, ce qui
laisse supposer que la partie de la canalisation CO qui est ouverte,
aujourd'hui, a, elle aussi, été recouverte de telles dalles à
l'époque où le mur BC était utilisé. La canalisation CO était
remplie de débris, de vases entiers, de pièces de monnaie, d'ossements d'animaux, de fragments de verre, etc .... dans une terre
tout-venant.

22

Fig. 6.

Le mur BC est consti-
tué de pierres de
taille en grès du
pays. Il est vu du SE.
Derrière le mur on
aperçoit le bassin de
la citerne de la cana-
lisation BB ainsi que
la canalisation est,
signalée plus haut,
et dont le parcours
a été interrompu.
Derrière la ruine BB
on aperçoit encore
un morceau d'un mur.
L'état fragmentaire
du mur BC est dû aux
états de fait de pil-
leurs de fraîche date.

Fig. 7.

La canalisation CO
vue de l'ESE.
Dans le haut de la
photo on aperçoit la
concentration entre
la canalisation BB
et le mur BC; à
droite on aperçoit
le mur BC qui passe
sur les dalles sept-
entrionales couvrant
la canalisation CO;
à gauche on aperçoit
l'ébauche du mur
nord.

Datation des vestiges BB, BC et CO

La datation relative de ces trois ruines ne pose, apparemment,
aucun problème majeur. Le mur BC est le plus récent et doit avoir
été construit après la canalisation BB, ce qui est la seule façon
d'expliquer la présence de la canalisation d'orientation est. De
plus le mur BC se superpose à la canalisation CO. De même, la canalisation BB est plus récente que la canalisation CO à laquelle
elle se superpose. Il en résulte que la canalisation CO est la
ruine la plus ancienne. Le placement chronologique absolu de ces
ruines est, par contre, bien plus difficile à établir. Comme signalé plus haut, nous avons trouvé parmi les tuiles couvrant le citerneau de la ruine BB une tuile pourvue d'un cachet situant l'é-
poque de sa fabrication à la seconde moitie du Ier siècle ap.J.-C.
ce qui équivaut à un terminus post quem pour la canalisation (voir
Malcus, ci-dessous). Mais comme les tuiles avaient, en fait, été
réutilisées, l'époque de la pose peut évidemment se situer bien
plus tard. Nous avons retiré de la concentration d'argile et de
terre qui se trouve en-dessous et autour de la canalisation BB un
certain nombre de débris dont la qualité ne les destine pas à servir à une datation précise. Mais il nous semble pouvoir affirmer,
de façon sûre, qu'aucun d'entre eux n'est à situer à une époque
postérieure à la moitié du IIe siècle ap. J.-C.. Et nous pouvons
donc en conclure que la canalisation BB a été construite au cours
de la seconde moitié du IIe siècle ap. J.-C.

La canalisation CO a donc été construite antérieurement; cette constatation ne nous permet cependant pas de donner une datation précise. A première vue il nous semble pouvoir établir un parallèle
entre le système des pierres de taille dressées et les constructions
de la basse époque punique telles qu'un peut les voir sur le versant sud de la colline de Byrsa. Mais étant donné qu'il semble ne
s'agir que de substructions on ne peut tirer de conclusion valable
de ce parallèle et il nous faudra attendre que de plus amples recherches soient effectuées pour pouvoir établir une datation précise. Tous les objets anciens contenus dans la canalisation CO
doivent, selon une estimation provisoire, être considérés comme
remontant au début du Ve siècle ap. J.-C. et plus précisément aux
environs de 4oo ap. J.-C. Cette datation s'applique également aux
objets anciens trouvés dans la STR 4a (voir la coupe 30mO) qui est

Fig. 8.

La citerne AS vue de l'N.

Fig. 9.

La pièce voûtée CL et le vestibule AM vus de l'E.

Fig. 1o.

Le coin NO de la pièce
voûtée CL. Dans le
coin on peut voir l'en-
duit du mur. Sur la
droite de la photo on
aperçoit l'ouverture
pratiquée dans le mur
donnant sur la citerne
AS.

Fig. 11.

Le mur sud de la pièce
voûtée CL avec condamna-
tion d'anciennes portes
et autres traces d'amé-
liorations et de recon-
structions secondaires.
En bas de la photo on
aperçoit, dans les
coins gauche et droit,
deux bassins (voir le
texte).

à considérer comme une couche de remblaiement. Quant à l'interprétation à donner aux stratifications de la canalisation CO les nombreux vases d'argile trouvés intacts semblent prouver que cette canalisation a été utilisée, subsidiairement, plutôt comme lieu de dépôt que comme un simple remblaiement, quelle qu'ait pu être la raison d'une telle utilisation. Quoi qu'il en soit le contenu de la canalisation doit indiquer un terminus ante quem pour l'époque de construction du mur BC, époque qui doit se situer entre la fin du IIe siècle ap. J.-C. et le Ve siècle ap. J.-C.

Les ruines AS, CL, AG, AO, AM, BD et CX

Toutes les pièces mentionnées ici ont été édifiées à l'intérieur d'une ancienne construction, dite BD, dont on peut aisément suivre l'emplacement des murs le long des côtés est et ouest des pièces; les murs de ces pièces apparaissent ainsi "doubles" (voir à la p41,, ci-dessous).

AS : (fig 8)

C'est une citerne dont l'aboutissement, au nord, n'a pas encore été dégagé. Le sol est constitué d'un revêtement de béton dur plane. La voûte dont seuls des fragments ont été conservés a aussi été recouverte d'enduit de béton et est constituée de grands galets qui ont la taille d'une tête ou d'une main et ont été coulés dans du mortier de béton. Un soubassement incliné relie le sol au mur. La distance entre le revêtement du sol et la partie la plus haute de la voûte conservée est de 2 m 83, ce qui nous donne la hauteur approximative de la voûte dans son état d'origine.

CL : (fig .9)

La pièce CL est rectangulaire et sa voûte n'est conservée que de façon fragmentaire. Cette voûte est constituée, en majeure partie, de grands galets de béton et sa hauteur par rapport au sol semble être à peu près la même que celle de la voûte de la citerne AS. Le mur donnant sur la citerne AS est percé (fig.1o). Le mur sud qui est commun aux pièces CL et AG porte trace de plusieurs transformations ainsi que de reconstructions secondaires, entre autres, de la condamnation d'une porte (fig.11). Le revêtement du sol dans la construction voûtée CL n'a pas dû être fort épais et aux endroits où il a été conservé il apparaît comme une surface poreuse d'enduit de chaux lisse. L'enduit du mur dont on peut encore voir un

Fig. 12.
Mur d'est de la pièce CL.

Fig. 13.
Le bassin oriental de la pièce CL, placé dans une petite niche du mur est de la pièce CL.

Fig. 14.
La pièce AM.

Fig. 15.
Le pilier de la
pièce AM.

morceau dans le coin NO (fig.lo) est plus mince et contient plus
de graviers que dans la citerne AS. Et les pans de mur se rencontrent à angle droit alors que les coins de mur dans la citerne
sont remplis d'enduit de béton. Dans les coins SE et SO de la
pièce CL apparaissent deux bassins circulaires ayant un diamètre
extérieur de 58 à 66 cm. Ces deux bassins sont constitués de
pierres taillées de façon circulaire, pierres qui forment le con-
tour des bassins. Ces pierres sont, tout comme le centre, recouvertes d'une couche d'enduit de chaux lisse qui a jusqu'à 5 cm
d'épaisseur.

Le mur est de la maison est mal conservé. Et ce mur est constitué,
tout comme les trois autres pièces voûtées, de deux murs contigus,
c.-à-d.un mur extérieur ancien (BD) et un mur intérieur plus récent
qui appartient à la pièce CL. Le mur intérieur est, partiellement,
conservé dans l'extrémité nord du mur, où il est constitué, tout
comme le mur ouest et nord de la pièce, de pierres en béton de la
grandeur d'une tête. Au milieu, environ, du mur on aperçoit un endroit dans lequel il y a quelques pierres de taille ainsi qu'un
tambour de colonne fortement corrodé (fig.12). Aucun de ces éléments ne se trouvait dans son milieu naturel, mais on peut supposer
qu'ils ont fait partie, à l'une ou l'autre époque tardive, d'un
vestibule menant de la pièce AM à la pièce CL. Au sud de ce que
l'on suppose être une partie de vestibule le petit morceau de mur
est constitué de couches plus régulières. Le mur se termine par une
pierre de taille posée verticalement, pierre qui constitue la limite nord d'une niche dans laquelle le bassin oriental était placé (fig.13).

AM : (fig.14)
A l'est de la pièce voûtée CL on trouve la pièce AM qui a un axe
longitudinal ONO-ESE. La pièce est limitée au nord et au sud par
de larges murs à coque, dont la coque est constituée de grès taillés
formant des couches horizontales et régulières. Les parties cen-
trales du mur sont constituées de petites pierres régulières. A
l'est, la pièce est limitée par un seuil de porte pourvu d'une
pierre de seuil, pierre dans laquelle on peut voir un renfoncement
circulaire destiné à recevoir un poteau de porte.

Dans la pièce AM nous avons trouvé un pilier, endommagé seulement
à certains endroits et fait de pierres calcaires gris-noir (fig.

Fig. 16.
La pièce AG vue de
l'E.

Fig. 17.
A l'arrière-plan on
peut voir la pièce
voûtée centrale AO
avec une pierre de
seuil placée, posté-
rieurement, dans le
mur qui a, en fait,
appartenu à la maison
la plus ancienne qui
est BD. A droite on
aperçoit la pièce AG,
à l'arrière-plan. On
peut voir au second
plan, à droite, le
mur CX et à gauche le
mur CI. A l'avant-
plan on aperçoit la
partie de vestibule
appartenant au mur CX
et pourvue d'une
pierre de seuil.

15). Le pilier, qui ne se trouvait pas dans son milieu naturel, était plat sur l'un des côtés (celui qui était tourné vers le haut) et cannelé sur les trois autres côtés. Le pilier reposait sur une pierre de seuil et entre le pilier et la pierre de seuil il y avait une pièce de monnaie. Nous avons également trouvé un linteau dans la pièce AM. Pour la datation veuillez vous référer à la p 43, ci-dessous).

AG : (fig.16)
C'est une pièce ayant un axe longitudinal ONO-ESE et qui est limitée à l'ouest par la maison BD, qui est plus ancienne, au nord, par le mur sud de la pièce CL, au sud par le mur nord de la pièce AO, et à l'est par un "seuil" qui, en réalité, est une pierre de fondation faisant partie des fondations en pierres de taille de la pièce BD. Dans la pièce AG la voûte était conservée, en 1975 encore, en un endroit seulement, dans toute sa hauteur (et, comme on peut le voir sur la fig.16 la voûte s'est effondrée par la suite et dut être soutenue par une construction en bois). La distance entre la surface de sol supposée (voir ci-dessous) et la voûte était de 3 m 15.

Le mur donnant sur la pièce CL est décrit sous le paragraphe traitant de cette pièce. Sur le mur donnant sur AO la majeure partie de l'enduit de béton original était conservée, raison pour laquelle les murages et reconstructions qui furent enregistrés sur la paroi sud du mur n'étaient pas visibles. Le mur ouest de la pièce est donc constitué de "l'ancien" mur de la pièce BD (voir celui-ci ci-dessous). Sur la fig.16 on peut voir les piliers caractéristiques de ce mur, constitués, ici, de trois pierres de taille (voir également la coupe 50mN). Le reste du mur est recouvert d'enduit de béton tout comme le mur qui donne sur la pièce CL, raison pour laquelle la surface originale du mur de la pièce BD n'est pas visible.

La paroi donnant sur la pièce AO est, tout comme le mur nord, caractérisée par des reconstructions et des murages. Nous avons, entre autres, trouvé une ouverture de porte ayant été condamnée et qui était placée au même endroit, sur le mur, que l'ouverture de porte pratiquée dans le mur donnant sur la pièce CL. (Voir aussi la description de la ruine AO).

Pour l'emplacement du "seuil" voir le chapitre traitant de la coupe 5o mètre N. Le mur donnant à l'ouest et au nord est bâti sur une fondation constituée de galets irréguliers qui ont la grandeur d'une tête. Il y a, sur la fondation en pierre qui se prolonge quelque peu à l'intérieur même de la pièce AG, en deçà du mur, une bordure faite d'une mince couche d'enduit de béton. Cette couche d'enduit de béton est considérée comme étant ce qui reste de la couche de sol de la pièce AG et, peut-être, de la pièce BD. La majeure partie du sol a été fracturée, probablement à l'occasion du creusement du tombeau dans le fond de la pièce (voir ci-dessous, à la p 110). Nous pouvons mentionner, enfin, que le mur donnant sur la pièce CL semble être plus ancien que le mur donnant sur la pièce AO, étant donné que le premier mur repose directement sur les fondations signalées plus haut alors que le mur donnant sur la pièce AO repose, lui, sur le sol d'enduit de béton, également signalé plus haut.

AO : (fig.17)
C'est une pièce orientée NNE-SSO avec une voûte qui est construite comme dans la pièce donnant sur le nord. Au-dessus de la voûte on peut voir les restes d'un sol plane en béton, sol qui s'incline vers le sud. Le mur nord est commun aux pièces AO et AG. Sur le côté sud, donnant vers la pièce AO on aperçoit nettement la porte condamnée que nous avons signalée plus haut (fig.16). Le coin entre le mur nord et est est constitué de blocs de pierres de taille, blocs qui se trouvent dans le mur extérieur. Le long du pied du mur nord il y a un banc constitué de pierres, mais ce banc a un caractère plus fortuit que les bancs correspondants qui se trouvent le long des côtés est et ouest (fig.22).

Les murs est et ouest qui sont très visiblement incorporés à la maison la plus ancienne, c.-à-d. BD, sont construits tout comme dans les autres pièces voûtées donnant au nord avec une surface d'enduit de béton. Au bas du mur on trouve des bancs peu profonds. Dans le mur est on trouve une partie de vestibule qui est marquée, sur le côté extérieur, par une construction en pierres de taille sur la face nord (fig.18) et une pierre de seuil. Le mur de la pièce AO est constitué de piliers verticaux en pierres de taille avec jointoiements en grès taillés régulièrement et placés en couches horizontales tout aussi régulières (fig.22).

Les recherches futures montreront si ce mur a, initialement, appartenu à la maison BD, ce qui nous paraît vraisemblable. Dans le fond

Fig. 18.

Les constructions
AO/BD vues de l'E.
La photo a été prise
à un moment avancé des
fouilles, où l'on
avait enlevé la pierre
de seuil qui fut
placée postérieure-
ment. Sous le mur on
peut voir les fonda-
tions du mur est de
la construction BD et
devant ces fondations
des fragments de la
canalisation CS.

Fig. 19.

On voit ici la cana-
lisation CS avec ci-
terne. A gauche on
voit les fondations
de la construction BD
et, en haut, le mur
CX.

de la pièce on avait aménagé un tombeau collectif (voir ci-dessous).
Une surface de sol n'a pas pu être enregistrée de façon sûre.

L'enduit du mur dans la pièce AO est décoré d'incisions horizontales.

CX : (fig.19)
Ce mur est construit comme un mur de blocage avec paroi à coque,
exactement comme pour la pièce AM. Le mur est limité à l'est par
une construction en pierres de taille, pierres qui ont été taillées
dans des grès locaux. On peut voir la partie de vestibule avec
pierre de seuil sur la fig.17 et la canalisation CS avec citerne
sur la fig.19.   A cette canalisation se superpose le
mur CX qui est donc plus récent. On peut voir des fragments de
cette même canalisation plus au nord, à l'est de la citerne AS.
Nous avons enregistré quelques restes de surfaces de sol de moindre
importance dans l'espace qui se trouve entre les murs CX et CI et
la construction BD.

Les tombeaux des pièces AG et AO :
(Nous ne traiterons de ces tombeaux que très brièvement, entre
autres, parce que nous n'avons encore enregistré, de façon complète,
qu'une partie du matériel se référant à ceux-ci).

Le tombeau de la pièce AG : (fig.2o + fig.21 + Plan II).
Les stratifications relatives au tombeau ressortent du dessin de
la coupe 50mN. Le tombeau, lui-même, est incorporé dans la STR AG2,
3 et l'un des vases en argile se voit d'ailleurs dans la coupe 50mN.
Un certain nombre de strates horizontales se sont déposées au-dessus
du tombeau; mais ce n'est qu'occasionnellement que nous traiterons,
dans le présent rapport, des objets anciens contenus dans ces strates (voir ci-dessous). Les trois squelettes AG5-7 sont couchés,
étendus sur le dos, le visage tourné vers l'est et la nuque légèrement relevée.Les squelettes AG5 et AG6 furent partiellement excavés
durant la campagne de 1975. Les deux squelettes AG8 et AG9 sont
couchés, l'un à plat sur le dos, le visage tourné vers l'est,
l'autre, étendu sur le côté droit, le visage tourné vers l'ouest
(voir l'analyse anthropologique, ci-dessous). Les offrandes funéraires sont, le plus souvent, des objets en céramique (voir ci-
dessous, à la p 88). Le squelette AG7 avait une plaque de plomb

Fig. 2o.
Le tombeau de la pièce AG vu de l'E.
Ce tombeau est placé sous le sol qui est marqué par la bordure
en béton, sur le mur, à droite. Les deux squelettes, à l'avant-
plan à gauche, ont été, partiellement, excavés lors de la campagne de 1975.

Fig. 21.

Les squelettes AG8 et
AG9 et leurs offrand-
es funéraires dans le
tombeau de la pièce
AG.

placée sur son épaule gauche. Et nous avons trouvé une pièce de
monnaie (F77-31o) entre les côtes du squelette AG9 ainsi qu'une
seconde pièce (F77-355) sous le crâne de ce même squelette (voir
la description de ces pièces, ci-dessous, à la p 1JO). La première pièce doit dater de l'époque vandale (Ve siècle), la seconde
de l'époque romaine (IVe - Ve siècles)(voir ci-dessous pour la datation). Il est à remarquer que nous avons trouvé, dans ce tombeau
comme dans celui de la pièce AO, un grand nombre de rivets de fer
que nous avons ramenés au Danemark afin de les traiter et les conserver. Ces rivets formaient une sorte de dessin tendant à prouver
que ces tombeaux ont contenu des cercueils en bois.

Le tombeau de la pièce AO : (fig.22)
Dans ce tombeau nous avons pu dessiner et enregistrer deux coupes
sur les lignes 25mO et 45mN. Ces deux coupes seront publiées lors
de la présentation définitive du tombeau. On peut dire, de façon
générale, que les strates qui se superposaient avaient un caractère
de strates d'érosion et ne contenaient pas les nombreux ossements,
ni la grande quantité de charbon de bois et de débris, qui carac-
térisaient les strates de superposition du tombeau de la pièce AG.
Dans la terre même du tombeau, qui d'ailleurs a reçu la désignation
erronée 1O (lettre O), nous avons trouvé, tout comme dans le tombeau de la pièce AG, de nombreux rivets de fer dont la fonction et
l'aspect seront traités lors de la présentation définitive du tombeau. Comme suggéré plus haut, il peut s'agir de restes provenant
de cercueils en bois qui se seraient effrités. Nous avons égalemant
trouvé dans cette terre de nombreuses pièces de monnaie (voir ci-
dessous p 1J2).

Les offrandes funéraires étaient, d'ailleurs, surtout constituées
d'objets en céramique. Nous avons pu observer un groupe spécial
présentant une certaine variante dans les formes dans le coin NO
(fig.23)(voir le chapitre sur la céramique ci-dessous). Tous les
squelettes étaient étendus sur le dos. Deux d'entre eux, les squelettes AO 19 et AO 2o étaient orientés est-ouest, la tête à l'ouest
et le visage tourné vers l'est, la nuque soulevée. Les autres squelettes étaient orientés nord-sud avec la tête au sud; certains
avaient la nuque surélevée et le visage tourné vers le nord. Un
certain nombre de squelettes, surtout les squelettes d'enfant,
étaient dans un très mauvais état de conservation. Nous avons pu

38

Fig. 22.
Le tombeau de la pièce AO.

Fig. 23.

On voit ici le tom-
beau de la pièce AO,
les squelettes AO 19
et AO 2o avec un
ensemble d'offrandes
funéraires dans le
coin NO.

Fig. 24.

Le mur ouest de la
maison BD vu du nord.
A gauche de la sur-
face crépie dont la
paroi est du mur ouest
est constituée on peut
voir les restes de la
voûte surplombant la
pièce CL. La photo
montre également les
piliers verticaux mar-
qués d'une encoche
carrée. La pierre de
taille où se trouve la
fiche est la plus
haute pierre du pilier
qui est apparu dans la
paroi ouest de la
pièce AG. A l'avant-
plan on peut voir
"l'étagère" aménagée
dans le mortier.

relever, en tout, les squelettes de seize personnes (c.-à-d. que
nous avons enregistré seize crânes). (Voir notre analyse anthropologique, ci-dessous, à la p 110). Les fouilles pratiquées aux mois
de juin et juillet 1978 ont permis de découvrir d'autres squelettes, ce qui porte leur nombre total à au moins trente.

BD : (voir le plan et la fig.24, ci-dessous).
Nous ne connaissons la construction du bâtiment BD que de façon
partielle, d'une part parce que ses murs servent d'appui aux murs
des pièces AS, CL, AG et AO, ce pourquoi le côté intérieur est
presque totalement recouvert, d'autre part parce que les pierres
des murs de ce bâtiment ont été enlevées, partiellement, pour re-
servir à d'autres constructions, et enfin parce que les constructions n'ont pas encore été complètement excavées. Mais nous pouvons, cependant, vous rendre compte, ici, d'un certain nombre d'observations :

Le mur ouest (photo 24) a été construit à l'aide de piliers verticaux (voir aussi le mur ouest dans la pièce AG, fig.16) constitués
de pierres de taille Houaria. Là où ces pierres sont entièrement
conservées on peut voir, dans la pierre supérieure, une encoche
rectangulaire sur le côté est du pilier (fig.24 près de la fiche,
à l'arrière-plan). Le mur est constitué, entre les piliers, de
galets de dimensions très différentes, coulés dans du mortier. La
couche supérieure est constituée de grandes pierres dont la surface
plane est tournée vers le haut. Sur la face supérieure plane de ces
pierres on a aménagé   une sorte "d'étagère" en béton grossier
dégraissé (fig.24). La largeur maximale de cette "étagère" est de
11 cm 50. "L'étagère" dont on n'a conservé que des fragments est
provisoirement considérée comme étant un palier destiné à recevoir
une mince "courroie" (en bois?) courant dans les encoches rectangulaires des piliers verticaux. Celle des deux surfaces crépies
qui est située le plus à l'extérieur (fig.24) est peinte. La couleur de fond du mur est jaune et les décorations (fleurs) sont tur-
quoises et rouges. La décoration est surtout visible entre les constructions BD et CL, mais on la trouve également entre les constructions BD et AO. Cette décoration n'est, malheureusement, pas conservée dans la paroi ouest de la pièce AG, où le mur se présente
dans toute sa hauteur. La hauteur du pilier de la surface du sol

(voir le paragraphe qui traite de la pièce AG) au-dessus du pilier
est de 3 m 15.

Le mur est

Le socle du mur est constitué de grandes pierres de taille Houaria
bien taillées. On peut suivre ce socle sur toute la longueur du
mur qui a été mise au jour c.-à-d. sur 15 bons mètres. En raison
des grandes transformations que l'on a fait subir au mur il n'est
pas aisé de se faire une idée précise de l'aspect original du mur
en lui-même. C'est pourquoi nous devrons, pour pouvoir émettre
une jugement sûr, attendre que de plus amples recherches et mesures
aient été effectuées. La fig.18 (voir ci-dessus) montre une partie
de mur qui semble être d'origine. Au bas du mur on voit le socle
et à gauche sur la photo un pilier vertical partiellement conservé, constitué de pierres de taille. A droite du pilier on peut voir
six couches horizontales et régulières constituées de petites
pierres taillées Houaria et, au-dessus de ces couches, un morceau
de mur qui, en raison de sa construction en galets et grès locaux
irrégulièrement noyés dans du mortier, peut clairement être ratta-
ché à l'époque de la pièce voûtée AO. Dans l'ouverture de porte il
y a un seuil qui se trouve sur son appui d'origine et repose directement sur le socle. Plus haut dans l'ouverture de porte il y a
deux pierres de taille Houaria placées là postérieurement, peut-
être à l'occasion du dépôt d'une pierre de seuil plus haute qui
fut placée à une époque postérieure (cette pierre de seuil a le
type caractéristique des grès locaux gris plus récents). La construction qui se trouve à droite de l'ouverture de porte semble
aussi appartenir partiellement à la maison BD. Dans la partie de
vestibule entre les pièces AM et CL il y a également une combinai-
son entre un pilier et de petites pierres Houaria, dans l'emplacement est de la maison.BD. Ce qui nous amène à dire que cette construction de mur semble être la construction qui caractérise le
mur est de la maison BD. Comme nous l'avons signalé plus haut nous
avons trouvé une construction de mur fondamentalement semblable
dans le mur sud de la pièce AO, ce pourquoi ce mur doit, provisoirement, être supposé se rattacher à la maison BD.

Tableau chronologique de l'ensemble de constructions AS, CL, AG, AO, CX et AM

Le bâtiment BD est constitué des murs les plus anciens, murs qui ont servi d'appui aux pièces (+ citerne) AO à AS. Mais comme nous n'avons pas pu trouver d'ensembles d'objets ni même quelques objets anciens pouvant être datés et mis en relation, de façon sûre, avec cette construction il nous paraît difficile d'en déterminer l'âge de façon absolue. Mais un indice pouvant nous aider à la situer chronologiquement nous est, cependant, fourni par la comparaison de cette construction avec les fondations CQ qui se situent dans le prolongement immédiat de la construction BD et sont orientées vers le sud. Les fondations du bâtiment BD et les fondations CQ sont toutes constituées de pierres de taille Houaria. La ligne qui relie les fondations CQ au bâtiment BD est coupée (ou "chevauchée") par le coin NO de la maison CD/CI orientée N-S et le "parcours" CQ/BD se rattache, visiblement, au mur CP (fondations) orienté ONO-ESE (voir ci-dessous p 48) qui est "chevauché" par le mur CD (voir p 46). Le lien exact entre ces ruines pourra être déterminé lorsqu'on aura excavé le carré 3o/4o, mais nous pouvons, d'ores et déjà, affirmer que les murs qui sont marqués par les fondations BD/CQ/CP sont plus anciens que la maison CD/CI. Et comme on peut, également, affirmer, avec beaucoup de sûreté, que cette maison a été bâtie au cours de la deuxième moitié du IIe siècle ap. J.-C. on peut, provisoirement, placer la construction des fondations BD/CQ/CP au I^{e} siècle ap. J.-C. La grande quantité de matériel datant de cette époque et que nous avons trouvée dans des couches de terre se rattachant à des époques plus récentes, peut donc, avec plus ou moins de crédibilité, être mise en relation avec ces constructions. Les fouilles futures ainsi que l'enregistrement permanent des éléments déjà excavés pourront nous éclairer totalement quant à ces questions. Nous pouvons dire, enfin, que l'utilisation systématique de pierres de taille Houaria pour l'édification de bâtiments se limite à ces anciennes constructions. Ce qui nous permet de conclure que l'on a commencé à utiliser très tôt dans l'histoire de ce lieu les grès locaux comme matériel de construction.

En ce qui concerne les pièces voûtées AO et AG nous pouvons affirmer, de façon sûre, que la population du lieu elle-même se situe avant l'aménagement des tombeaux dans le fond de ces pièces, c.-à-d. avant le Ve siècle ap. J.-C. Les nombreux transformations et

remplissages tendent à prouver une utilisation de très longue
durée dans le cadre des IIe - IVe/Ve siècles (probablement surtout
au cours des IIIe et IVe siècles). En ce qui concerne l'utilisation
de la citerne AS et de la pièce voûtée CL ainsi que des vestibules
AM et CX nous disposons de moins de repères chronologiques. A ce
propos nous aimerions mentionner, ici, quelques trouvailles de
pièces de monnaie ayant une signification pour l'évaluation chronologique de ces vestiges (voir ci-dessous).

Entre le pilier AM2 et la pierre de seuil AM6 qui repose sous ce
pilier nous avons trouvé une pièce de monnaie qui avait été pressée
tellement fort contre la pierre de seuil qu'elle y a été imprimée.
Cette pièce est byzantine et a été frappée sous le règne de Mauri-
tius Tiberius en 591/92, période après laquelle le pilier est
tombé sur la pierre de seuil, pierre qui, déjà à cette époque, ne
se trouvait pas dans son milieu naturel. La présence d'un certain
nombre de pièces byzantines et d'autres objets datant de la même
époque tend à prouver qu'il y avait une certaine activité à ce
moment; mais c'est là un point qui nécessite, lui aussi, de plus
amples recherches.

Un assez grand nombre de pièces furent trouvées déposées juste en
deça de la pierre de seuil CX (recueillies dans la couche 2c,7).
Parmi les 33 pièces qui ont été recueillies dans cet amas ("dépôt")
31 ont été analysées par Mme. Anne Kromann Balling (voir ci-dessous)
et le schéma de ces pièces se présente comme suit :

- pièces romaines du IVe siècle   :   8
- pièces romaines des IVe et Ve siècles   :   2
- pièces vandales du Ve siècle   :   6
- pièces d'origine incertaine   :   15

La mise au jour de cette collection de pièce est intéressante en ce
sens qu'elles ont été recueillies sous une construction addition-
nelle constituée de deux grandes pierres de taille Houaria placées
à angle droit par rapport à l'extrémité sud de la pierre de seuil.
Ceci tend donc à prouver qu'il y avait une certaine activité en
matière de construction, dans la région qui nous occupe, aux alentours ou après le milieu du Ve siècle.

Fig. 25.

Le mur CD dans la
TR 25/3o; au second
plan on aperçoit la
fosse CD2 avec ses
tuiles et ses cônes
de voûte.

Fig. 26.

Un morceau de la
mosaïque CC vu de d'est.
A droite on aperçoit
les fondations orienté-
es E-O. Et à l'arrière-
plan les pierres de
seuil posées postéri-
eurement.

L'ensemble de constructions CI, CD (avec les fragments de sols mosaïqués CC et CT).

Les murs CD/CI dont on n'a conservé que des fragments constituent les fondations d'une grande maison orientée NS/EO. CC et CT sont des fragments de sols mosaïqués. Nous n'avons encore excavé qu'une très petite partie de cette maison (plan .I..). On pouvait voir certaines parties du mur est le long de la plage avant que l'excavation ne soit entamée et c'est la raison pour laquelle la largeur de la maison peut, provisoirement, être évaluée à environ 15 mètres. Nous ne connaissons pas la longueur de la maison parce que son extrémité sud n'a pas encore été mise au jour.

CD, CC (la partie sud de la maison).

Dans la partie ouest du carré 25/3o nous avons pu observer un mur fait de couches régulières de petites pierres de taille. Dans le coin NO et au sud, le mur est interrompu par des piliers constitués de grandes pierres de taille (fig.25). A l'est de ce morceau de mur nous avons pu observer une fosse contenant une grandes quantité de tuiles et de cônes de voûte (fig.25). Ces restes de constructions sont supposés appartenir à la maison CD/CI. Le long de la mosaïque CC on peut voir, côté nord, des fondations placées à angle droit par rapport au mur CD dont il a été question jusqu'ici (fig.26). Vous pouvez voir la mosaïque du carré 25/3o sur la fig.26, où l'on aperçoit à l'arrière-plan trois dalles en pierre (qui correspondent du point de vue matériel et, en partie, du point de vue traitement aux "pierres de seuil" signalées précédemment). Le sol en mosaïque se poursuit sous les dalles en pierre qui ont donc été placées là par après. Mais nous n'en connaissons pas la fonction, à l'heure actuelle.

La mosaïque CC se poursuit dans le carré 2o/25 (fig.27), où elle est limitée au sud par une rangée de pierres - nous avons trouvé, au sud de cette rangée de pierres, un sol en béton. La mosaïque CC ainsi que les fondations qui la limitent au nord se poursuivent dans le carré 15/3o, où la mosaïque n'est que très partiellement conservée. Au milieu du carré 25/3o nous avons mis au jour des fondations d'orientation nord-sud qui étaient parallèles à la paroi extérieure du mur CD, dans la partie occidentale du carré (fig.28). On peut suivre le parcours de ces fondations au nord où elles apparaissent dans le carré 25/4o, à l'ouest du fragment de mosaïque CT (fig.29   et plan I.   La zone située entre

46

Fig. 27.

Le sol mosaïque CC dans la TR 2o/25, vu de l'est. A gauche on voit un sol en béton et, au milieu, une rangée de pierres qui marque la limite sud du sol en mosaïque.

Fig. 28.

Carré 25/3o.
A l'arrière-plan on aperçoit le mur extérieur CD. Dans la zone se trouvant entre les murs on peut voir le fragment de mur (ou de fondations) CP.

ces dernières fondations, la mosaïque CC et la paroi extérieure du mur CD, fut excavée, profondément, jusqu'à atteindre la couche de la fin de la période punique, qui se trouve au fond (voir le texte qui traite de ce point de façon détaillée, à la p 56). A un certain niveau sous les murs de la construction CD nous avons découvert des fragments d'un mur orienté ONO-ESE (ou de fondations)(fig. 28 - Remarque importante : le morceau de mur que nous avons appelé CP n'est pas dessiné sur le plan, Pl I). Ce morceau de mur a la même direction que la construction BD etc ... et que les fondations CQ (voir ci-dessous à la p 5o).

CI (et CT).

La partie nord de la maison rectangulaire, orientée N-S, est appelée CI. Le mur CI a, probablement, été construit de façon à respecter le parcours du mur dans le mur est des constructions AO/BD (voir ci-dessous). Le mur a été percé par une fosse de spoliation que l'on peut suivre dans la majeure partie du carré 2o/45. Dans le coin NE du carré 25/4o nous avons mis au jour les fondations de mur, d'orientation NS, que nous avons signalées plus haut, et à l'est de ces fondations les fragments d'un sol mosaïque dont nous avons pu relever des tessarées sur la paroi de la face intérieure du mur nord CI. Les fragments de sol mosaïqué étaient posés dans un fondement de béton qui était mieux conservé que le sol lui-même. Le rapport entre le fond du sol et l'enfouissement qui se caractérise nettement par son contenu de sable mouvant dans différentes couches, ce rapport ressort de la coupe 20m0 (fig.29). Dans le coté gauche de la coupe, sous la strate 1,1o, on trouve le fondement du sol; l'enfouissement de la fosse de spoliation est la strate de sable la,4 dont nous n'avons pas encore pu enregistrer la profondeur totale. Vous pouvez voir les fragments de mosaïque les mieux conservés sur la fig.30.

Il s'agit visiblement, d'une bordure appartenant à une grande surface de sol. Nous avons émis l'hypothèse provisoire selon laquelle l'enfouissement signalé ci-dessus était le résultat des recherches effectuées par M. Falbe dans la région et la bordure de mosaïque une partie du sol qui a contenu la mosaïque à la Néréide signalée plus haut (p lo). Mais nous insistons, ici, sur le fait qu'une interprétation définitive de ce point ne pourra être donnée que lorsque de plus amples recherches auront été menées à bien.

48

Fig. 29.
La mosaïque CT et la
fosse de spoliation.

Fig. 3o.
La mosaïque CT.

La datation des constructions CD/CI ne peut être déterminée que partiellement, jusqu'à nouvel ordre. Dans la couche de ramblai, sous la mosaïque CT, nous avons recueilli des éléments qui ne peuvent, en aucune façon, dater d'une période postérieure à la deuxième moitié du IIe siècle ap. J.-C. C'est sur cette base que nous pouvons situer l'édification de la maison à la fin du IIe siècle ap. J.-C. ou à une époque légèrement postérieure.

CH, CG et CQ.

Ces ruines n'ont été excavées que très partiellement et il ne nous semble donc pas indiqué d'en traiter ici, à l'heure actuelle. Nous nous contenterons d'en présenter quelques photographies afin de les illustrer (fig.31 + plan I   ).

Les trouvailles que nous avons recueillies dans le profond sondage pratiqué dans le carré 25/30 seront traitées ci-dessous, à la p 56.

Fig. 31.
Le mur nord de la
ruine CH vu du sud.

DECOUVERTES D'OBJETS EN CERAMIQUE ET DE PIECES DE MONNAIE

par M. John Lund, Mme. Anne Kromann Balling, M. Thyge C. Bro et
M. Steffen Trolle.

Les fouilles pratiquées par le Danemark à Carthage nous ont,
jusqu'à présent, livré une très grande quantité d'objets en céramique datant de la basse époque punique ainsi qu'un grand éven-
tail de différents objets en céramique romaine datant de la fin
du Ier siècle ap. J.-C. jusqu'à, et y compris, la période vandale.
De nombreux objets en céramique datant des IVe et Ve siècles pro-
viennent, en majeure partie, du dépôt de la canalisation CO, qui
n'a pas encore été complètement enregistré, ainsi que des tombeaux
collectifs AG et AO.

Les pièces de monnaie excavées prouvent, de même, qu'il y avait
une certaine activité dans la région durant la période allant
d'environ 25o à 146 av. J.-C. ainsi qu'à partir du règne de l'Em-
pereur Domitien jusqu'à, et y compris, la période vandale. Parmi
les pièces de monnaie on peut, également, observer une très nette
concentration de pièces datant des IVe et Ve siècles. Nous n'avons
pas encore réussi, jusqu'ici, à mettre les quelques rares anciennes pièces byzantines et arabes en relation avec des trouvailles
en céramique datant de la même époque.

Nous n'allons traiter, dans ce qui suit, que d'objets en céramique
choisis dans les deux phases extrêmes de l'histoire antique, prou-
vée jusqu'ici, du site des fouilles : les couches de la basse
époque punique dans le carré 25/3o et les deux tombeaux collectifs
AG et AO, de l'époque vandale. Ces ensembles de trouvailles repré-
sentent, l'un et l'autre, un matériel assez riche dont la datation
est relativement aisée grâce aux pièces de monnaie qui ont été
mises au jour. Nous espérons que ces trouvailles pourront contri-
buer, ainsi, à une meilleure compréhension de la culture "matéri-
elle" qui caractérise deux phases importantes de l'histoire de
Carthage.

Nous aimerions exprimer, ici tous nos remerciements à M. Abdelmajid
Ennabli, Conservateur en Chef du Site de Carthage, de nous avoir
autorisés à conserver, provisoirement, au Musée National danois,
des pièces de monnaie ainsi que des objets en céramique, chose qui
facilite, considérablement, nos travaux de publication.

Les dessins ainsi que l'enregistrement sont dus, principalement, à MM. John Lund et Steffen Trolle, qui ont été assistés dans leur tâche par un certain nombre d'étudiants en archéologie.
Mme. Elga Andersen, architecte, a dessiné quelques cruches provenant du tombeau AG.

La mise au net ainsi que le lay-out sont l'oeuvre de M. Poul Christensen, dessinateur, de l'Université de Copenhague.
Nous tenons, également, à remercier, ici, l'Institut d'Archéologie Classique et Proche-Orientale de nous avoir autorisé à faire appel à son savoir.

Les couleurs des objets en céramique sont décrites dans des notes respectant les règles du traité de M. Munsell, qui s'intitule : "Soil Color Charts, Munsell Products, Baltimore, Maryland 21218, USA".

M. John Lund, agrégé, traitera, ci-dessous, des objets en céramique provenant des couches puniques, Mme. Anne Kromann Balling, conservateur adjoint attaché au département de la Collection Royale des Monnaies et des Médailles du Musée National danois, des pièces de monnaie, M. Thyge C. Bro, étudiant en archéologie, des amphores anciennes et M. Steffen Trolle, conservateur adjoint, des objets en céramique des tombeaux AG et AO, ces deux dernières personnes étant attachées au département des Antiquités Classiques et Proche-Orientales du Musée National danois.

Les fouilles pratiquées à Carthage, en 1975 et 1977, nous ont livré
près de 3oo pièces de monnaie que l'on peut répartir comme suit :

- puniques (IIIe - IIe siècles av. J.-C.)   11
- alexandrines (IIe siècle ap. J.-C.)   4
- romaines (I^e - Ve siècles ap. J.-C.)   84
- romaines ou vandales (V^e -VIe siècles ap.J.-C.) 21
- vandales (V^e - VIe siècles ap. J.-C.)   79
- byzantines   1o
- non identifiées   ± 5o

Comme on pouvait s'y attendre ce sont les pièces romaines et vandales datant des IVe au VIe siècles ap. J.-C. qui forment le groupe
le plus important. Mais l'on peut s'étonner de voir que les pièces
byzantines sont relativement si peu nombreuses lorsque l'on sait
que Carthage a été soumise à la domination de Byzance durant plus
de 15o ans. Ceci s'explique, peut-être, par le fait que l'excavation a été pratiquée dans un secteur de la ville qui était peu
peuplé à l'époque en question.

Concentrons-nous donc sur les pièces de monnaie qui ont été trouvées dans les couches purement puniques du carré 25/3o, entre le
mur CD et la mosaïque CC (voir p 5o). Il s'agit de 7 pièces car-
thaginoises en bronze dont l'une (F77-495) est tellement endommagée
que seule sa fabrication en trahit l'origine. Les autres pièces
semblent devoir appartenir à deux séries différentes :

A (F77-483 et F77-486) fig. 32a.

Face : tête de femme à gauche. Pile : cheval se tenant devant un
palmier; dans le secteur droit il reste des traces de la lettre
punique aleph. Voir SNG vol. 42 no. 22o et suivantes (fig. 32b)

B (F77-373, F77-485, F77-489 et F77-493) fig. 33a.

Face : tête de femme à gauche. Pile : tête de cheval à droite.
Voir SNG vol. 42 no. 414 (fig. 33b).

Les différents types de pièces puniques sont généralement façonnés
d'après un nombre très réduit de motifs, en ce sens que la face
représente la tête de la déesse Tanit alors que le revers représente, lui, le plus souvent, un cheval ou un palmier. La déesse

Tanit est la déesse carthaginoise Hèra ou Démèter et l'on peut, normalement, distinguer les séries entre elles grâce aux variations de sa chevelure ou à l'attitude du cheval. Ce n'est cependant pas toujours le cas lorsqu'il s'agit de pièces de bronze, où deux séries différentes peuvent très bien être du même type bien que très éloignées l'une de l'autre dans le temps; c'est la raison pour laquelle on en est souvent réduit à se fier au style pour classifier les monnaies.

Dans le catalogue du département de la Collection Royale des Monnaies et des Médailles, traitant des pièces puniques (SNG Cop. vol. 42) la série A est rattachée à la Sardaigne, aux environs de 264-41 et la série B à Carthage, aux environs de 2oo-146 av. J.-C.; et là on s'étonnera de voir que l'on a trouvé, sur un si petit secteur, deux monnaies datant de la période la plus ancienne et quatre monnaies datant de la période la plus récente mais, par contre, absolument aucune datant de la période intermédiaire de 41 ans. Il ne fait aucun doute que la série B appartient à la période indiquée étant donné que son style répond exactement à celui d'un groupe de monnaies en bronze très lourdes (SNG Cop. 42 no. 4oo) qui furent frappées après la seconde guerre punique, époque à laquelle l'or et l'argent étaient très rares. La série A a été rattachée à la Sardaigne parce qu'on la considère comme étant une petite sub-division d'un groupe de monnaies en bronze analogues (fig.34) que l'on trouve souvent parmi les trouvailles locales datant d'environ 264-41, époque à laquelle l'île était sous domination carthaginoise.

Une variante (fig.35) d'un style meilleur et pourvu de la lettre aleph devant le cheval a été considérée, jusqu'à présent, comme faisant partie du même groupe. Mais, comme elle est rare parmi les trouvailles sardes et qu'elle n'est pas, comme les autres, frappée sur des monnaies en bronze anciennes de la même localité, M. le Dr. G.K. Jenkins a choisi de considérer, dans son ouvrage "Sylloge Nummorum Graecorum" (SNG Cop. 42 no. 253 et suivants), des pièces de ce genre comme étant des monnayages provenant de Carthage même. En raison de leur poids qui est un peu plus élevé que celui des monnaies en bronze puniques plus anciennes M. le Dr. Jenkins estime qu'il est probable qu'elles ont été frappées après la première guerre punique, époque à laquelle les Carthaginois avaient perdu la Sicile et commençaient à ressentir les effets du manque de métaux précieux.

La série A est, tout comme le groupe de monnaies dont il a été question ci-dessus (fig. 35), pourvue de la lettre aleph (fig. 32). Si l'on suppose que cette série n'appartient pas au groupe des pièces de bronze sarde datant de 264-41 mais plutôt au groupe carthaginois datant de 241-21 on peut en conclure, d'une part, que les séries A et B sont plus proches dans le temps et, d'autre part, que la série A a été frappée près de l'endroit où elle a été perdue; et c'est là une règle générale quand il s'agit de petites monnaies en bronze.

Bibliographie :

Sylloge Nummorum Graecorum (SNG) vol. 42, Copenhagen 1969.

G.K. Jenkins, R.B. Lewis : Carthagenian Gold and Electrum Coins, London 1963.

L. Forteleoni : Le emissioni monetali della Sardegna punica, Sassari 1961.

V. Bornemann : Beiträge zur Kenntnis der sardopunischen Münzen. Blätter für Münzfreunde 19oo, p. 117 et suivantes.

Fig. 32   a   b

Fig. 33   a   b

Fig. 34

Fig. 35

CHOIX D'OBJETS EN CERAMIQUE RECUEILLIS DANS LES COUCHES PUNIQUES
TARDIVES DANS LE CARRÉ 25/3o

COUCHE 3d

FLACONS (BALSAMAIRES)

1. Argile finement délayée. Pâte jaune rougeâtre (5 YR 7/6) avec des particules blanches, grises et noires. Paillettes de mica. Sans engobe. Les côtés ont la couleur de l'argile jusqu'à 5 YR 7/8. Bourrelets circulaires irréguliers à l'intérieur. Empreinte digitale sous le fond.

2. Argile très finement délayée. Pâte rouge clair (2.5 YR 6/8) avec des particules de chaux et des paillettes de mica. Sans engobe. Les côtés ont la couleur de l'argile. Empreinte digitale sous le fond. Trouvaille no. F77-5o2.

3. Argile finement délayée. Pâte jaune rougeâtre (7.5 YR 7/6) avec des particules blanches et des paillettes. Peut-être un engobe fin. Les côtés ont la couleur de l'argile jusqu'à 7.5 YR 8/6. Beaucoup d'impuretés dans l'engobe.

CERAMIQUE À VERNIS NOIR

Bols

4. Argile fine et tendre d'un brun fort pâle (lo YR 8/3). Vernis noir mat couvrant mal.
   H : 2 cm 7.
   D (embouchure intérieure) : 8 cm 2.

5. Pâte rose (5 YR 7/4). Vernis noir et métallique.
   D du pied (extérieur) : environ 6 cm.

6. Argile très fine et assez tendre, jaune rougeâtre (5 YR 7/6). Vernis noir sur les côtés intérieur et extérieur - fort brillant à l'intérieur.
   D : ?

7. Argile finement délayée. Pâte jaune rougeâtre (5 YR 7/6). Vernis noir. Un reste de décoration a été conservé à l'intérieur du bol : des palmettes entourées d'un décor à la roulette.
   D du pied (extérieur) : environ 6 cm.

1:2

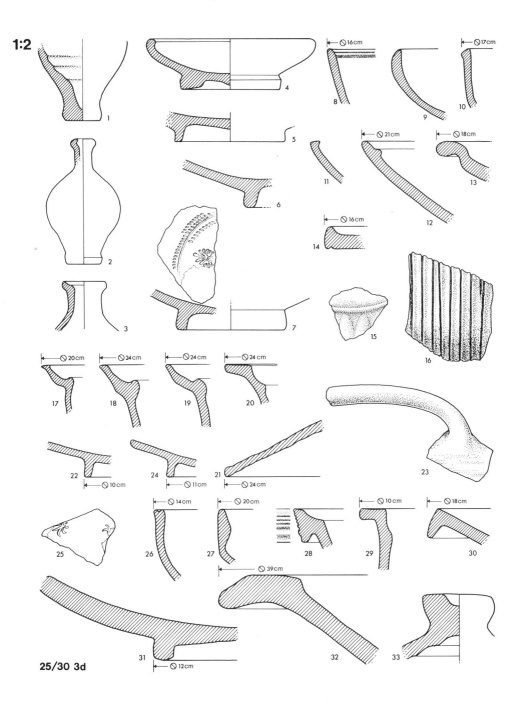

25/30 3d

8. Pâte jaune rougeâtre (5 YR 7/6) avec des particules blanches, oranges et noires. Vernis noir avec un éclat iridescent. On aperçoit, à l'intérieur, sous le rebord de l'embouchure, deux bandes circulaires, l'une étroite, l'autre plus large, n'ayant pas cet éclat iridescent. S'agit-il de traces de peinture ?
D : environ 16 cm.

9. Pâte d'un brun très pâle (lo YR 8/4) avec des particules foncées. Engobe gris foncé de mauvaise qualité (env. 5 YR 4/1).
D : indéterminable.

lo. Pâte gris clair (env. 5 Y 7/1) avec des particules foncées et quelques graines de mica. Vernis mat foncé sur le côté intérieur et la moitié supérieure du côté extérieur.
D (extérieur) : environ 17 cm.

11. Pâte rouge clair (2.5 YR 6/8) avec des particules grises. Vernis noir peu brillant.
D : indéterminable.

12. Pâte blanche (5 Y 8/2), rose au centre, avec des particules noires. Vernis noir mat de mauvaise qualité, qui s'est presque complètement écaillé sur le côté extérieur. Il y a des traces de façonnage au tour.
D : environ 21 cm.

13. Pâte très granuleuse (gritty) d'un brun fort pâle (lo YR 7/3-7/4). Vernis noir très brillant à l'intérieur et à l'extérieur.
D : environ 18 cm.

Assiettes
14. Pâte rose, fine et assez tendre (5 YR 7/4). Vernis noir assez brillant.
D : 15-17 cm.

Formes fermées
15. Pâte jaune pâle (5 Y 8/3) en argile très finement délayée. A l'extérieur il y a des traces de vernis noir. Ainsi que des traces de décoration en stries.

16. Pâte fine et assez tendre, jaune rougeâtre (5 YR 7/6). Vernis noir assez brillant. Tessons d'une cruche à rainures.

CERAMIQUE A FEU

Formes ouvertes

17. Pâte rouge clair (2.5 YR 6/8) avec des particules blanches,
    grises et rouges. Sans engobe. A l'intérieur : couleur d'ar-
    gile. A l'extérieur : recuite, de couleur gris à brun-rouge.
    D (extérieur) : environ 2o cm.

18. Pâte d'un brun rougeâtre tirant sur le rouge clair vers la
    paroi intérieure (2.5 YR 6/4 à 6/6) avec des particules
    grises et blanches. Assez fort cuite. Sans engobe. A l'inté-
    rieur : couleur d'argile. A l'extérieur : recuite, de couleur
    gris foncé (5 YR 4/1). La couleur est irrégulière. Et il y a
    de nombreuses particules claires.
    D (extérieur) : environ 24 cm.

19. Pâte rouge clair (2.5 YR 6/6) avec peu d'impuretés. Le côté
    extérieur et le dessus du rebord sont cuits, de couleur gris
    foncé (2.5 YR N4/). L'intérieur a la couleur de l'argile
    jusq'à 1o R 6/6.
    D : environ 24 cm.

2o. Pâte rouge clair (2.5 YR 6/6) avec quelques particules blan-
    ches. Assez fortement cuite. Sur les côtés : cuite, de couleur
    jaune rougeâtre tirant sur le brun rougeâtre (5 YR 6/6 à 5 YR
    5/4). La couleur est irrégulière.
    D : environ 24 cm.

Couvercles

21. Pâte rouge clair (2.5 YR 6/8) avec des particules blanches
    et noires. Assez fort cuite. Le dessus : cuit, de couleur
    rouge pâle (1o R 5/2). Le dessous : à rouge pâle (1o R 5/4).
    D : environ 24 cm.

22. Pâte rouge clair (2.5 YR 6/8).
    D du pied (extérieur) : 1o cm.

Formes fermées

23. Tessons latéraux avec embase d'anse. Pâte rouge clair (2.5
    YR 6/8) vers l'intérieur et brun tirant sur le gris vers l'ex-
    térieur (7.5 YR N6/) avec des particules blanches et rouges.
    Extérieur : couleur d'argile. Intérieur : plus rouge.

Formes ouvertes

24. Pâte rouge clair (2.5 YR 6/8) avec des particules oranges. Sans engobe. Intérieur : peinture rouge (corail) qui s'est fortement écaillée (plus proche de lo R 4/8). D du fond (extérieur) : environ 11 cm.

25. Pâte jaune rougeâtre (5 YR 7/6) faite d'argile finement délayée, avec des particules oranges. Engobe à vernis rouge foncé (2.5 YR 3/6). Motifs en forme d'étoile imprimés sur le côté intérieur.

26. Pâte gris foncé (environ lo YR 4/1) avec des particules blanches. Sans engobe. Les côtés ont la couleur de l'argile. D du rebord (extérieur) : environ 14 cm.

27. Elément poreux. Pâte jaune rougeâtre (5 YR 7/6). L'extérieur est recouvert d'un engobe blanc (5 Y 8/1) à l'éclat verdâtre. D : 2o cm.

28. Pâte rose (5 YR 8/4) avec des particules blanches et noires. Pas d'engobe. Surface jaune rougeâtre.

29. Description pareille à celle du no. 28. D (extérieur) : environ lo cm.

Assiette ?

3o. Pâte gris clair (environ 2.5 Y 7/) avec des particules noires. Engobe gris foncé à l'extérieur (2.5 Y 4/). Gris clair à l'intérieur. D (extérieur) : environ 18 cm.

VAISSELLE DE CUISINE

Formes ouvertes

31. Pâte grise tirant sur le blanc (5 Y 8/2) avec des particules noires et des grains de sable. Assez fort cuite. Sans engobe. D (extérieur) : environ 12 cm.

32. Pâte jaune pâle (5 Y 8/3) avec des particules noires, vert-gris foncé et rouges. Concavités dans l'argile. Extérieur couleur d'argile. Engobe manquant. D de l'ouverture (intérieur) : environ 3o cm.

<u>Couvercle</u>

33. Pâte rouge clair (2.5 YR 6/6 a 5/6) avec des particules
blanches et rouges. Sans engobe. Les côtés ont la couleur de
l'argile (2.5 YR 5/4 à 4/4).

<u>COUCHE 2,1,4</u>

<u>FLACONS</u>

34. Pâte grise et brune à l'intérieur, grise à l'extérieur.
Extérieur de couleur grise (5 YR 6/1). Au fond : lettre D incisée.

35. Pâte rose (5 YR 7/4) avec des particules noires et blanches.
Couleur d'argile à l'intérieur. Et à l'extérieur : peut-être
engobe fin, de couleur rose (7.5 YR 7/6) avec de nombreuses
particules noires et blanches. Faibles traces d'empreintes
digitales au fond.

<u>CERAMIQUE A VERNIS NOIR</u>

<u>Bols</u>

36. Pâte rose (5 YR 8/4) en argile finement délayée avec quelques
particules rouges. Vernis noir (quelque peu détérioré). Défaut de cuisson (?) de couleur lilas à l'extérieur, près du
pied.
D du pied (extérieur) : environ 5 cm.

37. Pâte rose (5 YR 7/4). Argile finement délayée avec des particules rouges.
Vernis noir, appliqué de façon régulière excepté près du pied
et sous le fond. Là où le vernis noir n'a pas été appliqué
en une couche suffisamment épaisse il a obtenu un éclat
rougeâtre à la cuisson. A l'intérieur il y a des palmettes
imprimées, entourées d'un cercle à la roulette. Il y a un
graffito sous le fond.
D du pied : environ 5 cm 6.

38. Pâte rouge clair (2.5 YR 6/8). Argile finement délayée avec
quelques particules noires. L'intérieur et la face inférieure
du fond ont un vernis brun   rougeâtre foncé tirant sur
le rouge foncé (2.5 YR 3/4 à 3/6). Le côté extérieur du pied
ainsi que le côté lui-même ont un vernis noir. C'est ce même

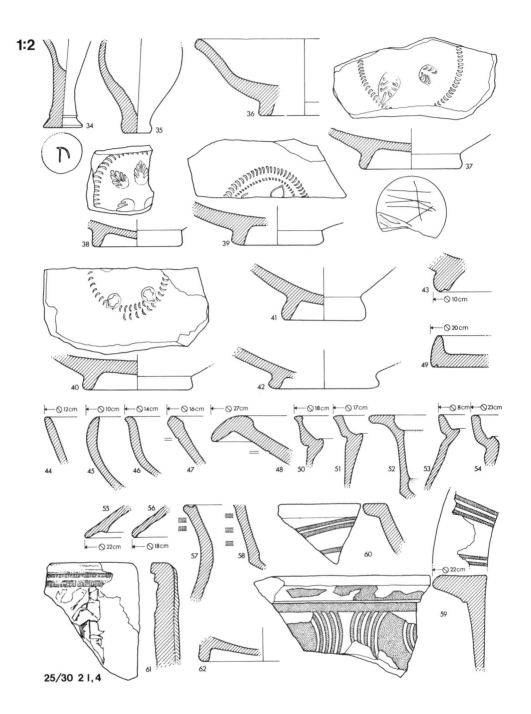

vernis noir qui entourait la couleur rouge à l'intérieur. Il
y a à l'intérieur 4 palmettes à 7 feuilles imprimées.
D du pied (extérieur) : environ 5 cm.

39. Pâte rose (5 YR 7/4) en argile finement délayée avec quelques
    particules foncées. Vernis noir qui s'est quelque peu écaillé.
    D du pied (extérieur) : environ 5 cm.

4o. Pâte rose (5 YR 7/4). Argile plus ou moins finement délayée
    avec quelques impuretés. Vernis noir avec des défauts de
    cuisson de couleur rouge, à l'extérieur, près du pied. A l'in-
    térieur on voit les restes d'une décoration à palmettes im-
    primées (qui ressemblent plutôt à des feuilles de chêne) en-
    tourées d'un décor à la roulette.
    D du pied (extérieur) : environ 6 cm.

41. Pâte grise tirant sur le gris foncé (2.5 Y N5/0 à N4/0).
    Assez fort cuite avec des particules blanches et des grains
    de mica. Sur le haut des côtés on voit les traces d'une cou-
    leur mate noire qui a été appliquée irrégulièrement. Le côté
    intérieur a la même couleur. Le restant du côté extérieur est
    couleur d'argile.
    D du pied : environ 4 cm 5.

42. Pâte gris clair (1o YR 6/1) avec des grains de mica. Assez
    fort cuite. Couleur mate, légèrement brillante à l'intérieur
    et sur la partie supérieure du côté.
    D du pied (extérieur) : environ 6 cm.

43. Argile très finement délayée. Pâte jaune rougeâtre (5 YR 6/6).
    Vernis rouge brillant (2.5 YR 5/8).

44. Pâte rose tirant sur le brun clair (7.5 YR 7/4 à 6/4) avec
    des particules grises et noires et des grains de mica. Vernis
    noir qui s'est fortement écaillé.
    D : environ 12 cm.

45. Pâte rose (5 YR 7/4). Argile finement délayée, avec des par-
    ticules de mica. Vernis noir iridescent .
    D du rebord : environ 1o cm.

46. Pâte gris clair (1o YR 7/1 à 7/2). Argile présentant des par-
    ticules noires ainsi que quelques particules blanches et
    grains de mica. Engobe noir mat s'étant fortement écaillé.
    D : environ 14 cm.

47. Pâte rose (5 YR 7/3). Argile finement délayée avec des particules de mica. Vernis noir.

D : environ 16 cm.

48. Pâte rose (5 YR 7/4). Argile avec des particules de mica ainsi que des particules blanches et noires. Vernis noir. Pâte réfléchissant fortement la lumière.

D (intérieur) : environ 22 cm.

Assiettes

49. Argile gris clair, noircie - très grasse. Vernis noir s'étant fortement écaillé.

D : 2o cm.

Formes ouvertes

VAISSELLE DE CUISINE

5o. Pâte rouge clair (2.5 YR 6/8) avec des particules noires et blanches. Sans engobe. L'extérieur et le dessus du rebord sont cuits, de couleur gris foncé (1o YR 4/1).

D : environ 18 cm.

51. Pâte   (2.5 YR 5/8). Argile contenant de grandes particules de chaux et des paillettes de mica. Intérieur : rouge clair (2.5 YR 6/8). Extérieur : cuit partiellement gris.

D : 16-18 cm.

52. Pâte rouge clair (2.5 YR 6/6). Petites particules de mica et de chaux dans l'argile. Extérieur : cuit, partiellement gris clair.

Formes fermées

53. Pâte rouge clair (2.5 YR 6/6). Extérieur : cuit, de couleur grise.

D de l'embouchure : 8 cm.

54. Pâte rouge clair (1o R 6/8 à 2.5 YR 6/8) avec des particules blanches et grises. L'extérieur et le dessus du rebord sont cuits, de couleur gris foncé (2.5 YR N4/0).

D : environ 23 cm.

Couvercles

55. Pâte rouge clair (2.5 YR 6/8). Sans engobe. Le côté supérieur porte des traces de couleur gris foncé résultant d'une cuisson.

D : environ 22 cm.

56. Fragment de couvercle jaune foncé, et jaune soleil sur le rebord.

D : environ 18 cm.

Formes fermées, embouchure, d'oenochoé ?

57. Pâte rouge clair (2.5 R 6/8 à 5/8). Argile comprenant des particules de chaux et de mica. Face extérieure noircie. Peinture extérieure, sous le rebord, plutôt rouge (lo R 5/6).

Forme non identifiée

58. Pâte et surface rouge clair (2.5 YR 6/8). Fortement cuite avec particules de chaux et de mica. Sur le côté : lignes parallèles peintes, plutôt rouge (lo R 5/6).

DIVERS

Formes ouvertes

59. Pâte rose (5 YR 7/4), gris clair en son coeur. Argile fine-ment délayée, présentant des particules blanches et quelques particules noires. Là où la paroi du vase est épaisse la pâte est de couleur gris clair (lo YR 7/1). Engobe fin de couleur blanc rosé (7.5 YR 8/2) avec des particules noires et blanches et de nombreux grains de mica - fortement écaillé. Décoration peinte dans une couleur gris rougeâtre (5 YR 5/2).

D extérieur : environ 22 cm.

D intérieur : environ 16 cm.

Embouchure d'oenochoe ?

6o. Pâte jaune rougeâtre (5 YR 6/6) avec des particules de chaux et de sable (quartz). Surface enduite de chaux.

Relief de terre cuite ?

61. Pâte rouge clair (lo R 6/6 à 6/4) avec des particules noires et blanches. Particules (grains de sable) réfléchissant la lumière. Sans engobe. Le côté extérieur a les mêmes caracté-ristiques que la pâte (jusqu'à 2.5 YR 6/8). Au revers on peut voir une couche d'argile qui a été appliquée postérieurement (?), peut-être, afin de pouvoir fixer le relief sur un fond.

Formes ouvertes

62. Pâte gris clair (7.5 YR 7/4). Le côté intérieur est, parti-

ellement, recouvert d'un engobe rouge semi-brillant (2.5 Y 6/6 à 5/6).

D : 7 cm.

63. Pâte gris clair (10 YR 7/2). Plus ou moins fortement cuite, avec des particules noires et blanches ainsi que des particules réfléchissant la lumière. Les côtés intérieur et extérieur sont peints en rouge.(2.5 YR 4/6 à 4/8).

D du rebord (extérieur) : environ 18 cm.

64. Pâte rouge clair (7.5 YR 7/6). On voit les restes d'un vernis rouge, à l'extérieur et à l'intérieur.

D (intérieur) : environ 22 cm.

65. Pâte rouge clair (2.5 YR 6/8) avec des particules blanches, grises et noires ainsi que des paillettes de mica. Le côté extérieur a la couleur de l'argile. Engobe fin peut-être ou traces de lustrage. Peinture rouge à l'intérieur (10 R 5/8). Décoration gravée sur le côté extérieur.

Fragment de lampe

66. Pâte grise (10 YR 6/1) à (2.5 Y N6/). Argile finement délayée. Quelques particules blanches et grains de mica. Traces d'un engobe mat noir grisâtre sur les côtés et le fond, la "saillie" et la partie supérieure du côté intérieur.

D (du trou de remplissage) : environ 4 cm.

Bols

67. Argile très tendre et poreuse. Pâte d'un brun très pâle (10 YR 8/4). Pas d'impuretés.

D : environ 10-14 cm.

68. Pâte gris rosâtre (7.5 YR 7/2) tirant sur le gris, avec des particules blanches, noires et oranges. Les côtés sont devenus gris très foncé suite à la cuisson (2.5 Y 3/0).

D : environ 18 cm.

VAISSELLE DE CUISINE

Formes ouvertes

69. Pâte assez tendre, sans particules intéressantes, d'un brun fort pâle (10 YR 7/3). Les côtés ont la même couleur. Le côté intérieur est graisseux et noir.

D du fond (extérieur) : environ 9 cm.

70. Pâte assez dure, plutôt gris tirant sur le blanc (5 Y 8/2).
    D : environ 38 cm.

71. Pâte rouge tirant sur un jaune rougeâtre (plutôt 5 YR 6/8)
    avec des particules grises et noires. Sans engobe (peut-être
    un fin badigeon). Les côtés ont la couleur de l'argile.
    D : environ 22 cm.

72. Surface rose (7.5 YR 8/4 à 7Y 2.5 YR 6/4). Riche en particules
    calcaires.
    D : environ lo cm.

COUCHE 2, 1, 3

FLACONS

73. Pâte jaune rougeâtre vers l'intérieur (5 YR 7/6) avec des par-
    ticules grandes et petites, blanches et noires. Engobe exté-
    rieur jaune pâle (environ 2.5 Y 8/4 à 8/6) avec de nombreuses
    impuretés et beaucoup de grains de mica.

74. Pâte rouge clair (2.5 YR 6/6 à 6/8). Argile finement délayée
    avec des particules blanches. Engobe d'un brun très pâle (lo
    YR 7/3 à 7/4) avec, cependant, un éclat légèrement rougeâtre.
    De nombreuses impuretés à la surface.

CERAMIQUE A VERNIS NOIR

Formes ouvertes

75. Pâte rose (7.5 YR 7/4). Argile finement délayée. Vernis noir,
    réfléchissant peu la lumière.

76. Pâte gris foncé (2.5 Y N4/) avec des particules blanches,
    jaunâtres et oranges ainsi que des petits grains de mica.
    Vernis brun-noir à l'intérieur.
    D (extérieur) : environ 5 cm.

77. Pâte rose (5 YR 8/4). Argile très fine sans impuretés. Vernis
    noir moyen assez mat à l'intérieur et sur une raie, au-dessus
    du pied ainsi que sur le côté extérieur.
    D : 6 cm.

78. Pâte gris foncé. Argile fine sans impuretés. Vernis noir mat.
    Cuite postérieurement ?
    D : ?

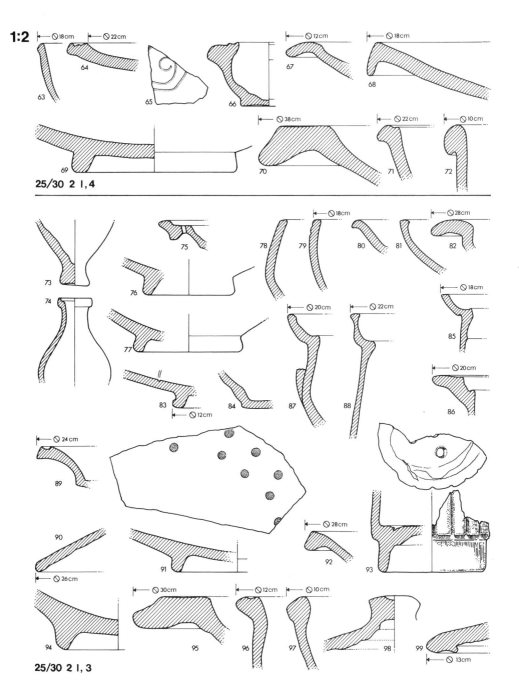

1:2

25/30 2 I,4

25/30 2 I, 3

79. Pâte gris clair (lo YR 7/1) avec des particules noires. A
l'intérieur : engobe noir mat, réfléchissant la lumière à
certains endroits. Idem pour le dessus du rebord. Le côté
extérieur est fort usé. Les deux rainures circulaires sous
le bord ont conservé les couleurs noir mat et brun-rouge. Le
côté a, peut-être, un engobe gris clair avec des grains de
mica.
D : environ 18 cm.

8o. Pâte rouge jaunâtre (5 YR 5/6). Vernis noir foncé brillant
et bien conservé.
D : ?

81. Pâte rose (5 YR 7/3 à 7/4). Argile assez finement délayée
avec des particules blanches. Vernis noir iridescent.
D : ?

82. Pâte rouge clair (2.5 YR 6/8). Vernis noir foncé et bien
brillant mais écaillé et usé.
D : environ 28 cm.

VAISSELLE DE CUISINE

Formes ouvertes

83. Pâte brun rougeâtre clair (5 YR 6/4) avec des particules
blanches et noires ainsi que des grains de mica fins. Cuite,
rouge clair, à l'intérieur comme à l'extérieur (2.5 YR 6/6)
avec quelques noircissures.
D du pied : environ 12 cm.

84. Pâte rouge clair (2.5 YR 6/8) avec des particules noires et
blanches ainsi que des grains de mica. Sans engobe. Les côtés
ont la couleur de l'argile.

85. Pâte rouge clair (2.5 YR 6/8) avec des particules blanches,
grises et noires. Quelques particules réfléchissant la lumière. A l'extérieur : badigeon jaune rougeâtre (5 YR 7/8)
avec des impuretés comme dans l'argile. Le côté intérieur a
la couleur de l'argile.
D de l'ouverture : environ 15 cm.

86. Pâte rouge clair (2.5 YR 6/8) avec des particules blanches.
Riche en grains de mica fins. Le côté intérieur a la couleur
de l'argile. Le côté extérieur et le dessus du rebord cuits,

gris tirant sur le gris rougeâtre (5 YR 5/1 à 5/2).

D : environ 2o cm.

Formes fermées

87. Pâte rouge clair (2.5 YR 6/8) avec un engobe calcaire appliqué postérieurement. Grains calcaires petits et grands et fines particules de mica. Reste d'une anse ronde, horizontale et courbe.

    D : environ 2o cm.

88. Pâte jaune rougeâtre (5 YR 7/6). Argile fine avec de très fins et petits grains de mica. Surface cuite, grise (5 YR 7/1 à 6/1 et 2.5 YR 6/o à 5/o).

    D : environ 22 cm.

Forme non identifiée

89. Pâte rouge clair (2.5 YR 6/6) avec très peu de grains de chaux et de mica. Le côté intérieur a la couleur de l'argile. Pâte cuite, gris à l'extérieur.

    D : 24 cm.

Couvercles

9o. Pâte rouge clair (2.5 YR 6/8) avec des particules blanches et noires ainsi que des grains de mica. La pâte est noircie gris-noir vers le bord, surtout sur la partie inférieure.

    D : environ 26 cm.

DIVERS

Formes ouvertes

91. Pâte jaune rougeâtre (5 YR 7/6) avec des particules blanches et grises et des particules qui réfléchissent la lumière. Engobe jaune rougeâtre à l'intérieur et à l'extérieur (environ 7.5 YR 7/6). A l'intérieur décoration peinte en jaune rougeâtre (5 YR 7/6).

    D du pied (extérieur) : environ 7 cm.

92. Pâte brun pâle (7.5 YR 6/4) avec de nombreux particules blanches, petites pierres, grains de mica et particules rouges. Sans engobe. Le côté extérieur a la couleur de l'argile avec de nombreuses impuretés.

    D du bord : environ 28 cm.

<u>Formes fermées</u>

93. Pâte jaune rougeâtre (5 YR 6/6). Argile assez grossièrement
    dégraissée, contenant de petites pierres et des grains de
    sable. Paillettes de mica. Sans engobe (pas de traces). Les
    côtés sont jaunes rougeâtres(5 YR 7/6 à 7/8) avec les mêmes
    impuretés que dans l'argile.
    D du pied (extérieur) : environ 6 cm.

VAISSELLE DE CUISINE

<u>Formes ouvertes</u>

94. Pâte rose en son coeur (5 YR 7/4), d'un jaune rougeâtre vers
    les côtés (5 YR 7/4 à 7/6) avec des particules blanches,
    noires et grises et des grains de mica. Sur les côtés : ra-
    valement ou engobe rose (5 YR 8/4) tirant sur la couleur de
    l'argile.
    D du pied (extérieur) : environ 7 cm.

95. Pâte blanche (environ 5 Y 8/1) avec des particules noires et
    des grains de mica. Le côté extérieur a la couleur de l'argile
    avec de nombreuses impuretés.

96. Pâte gris foncé (lo YR 4/1) riche en particules blanches et
    noires et en grains de mica. Pas d'engobe. Les côtés ont la
    couleur de l'argile.
    D : environ 12 cm.

97. Description pareille au no. 95.

<u>Couvercles</u>

98. Pâte rouge clair (2.5 YR 6/8) avec des particules blanches et
    des paillettes de mica. Sans engobe. Les côtés ont la couleur
    de l'argile.

99. Pâte gris rosâtre (environ 7.5 YR 7/2) avec des particules
    blanches et noires et quelques rares grains de mica. Engobe
    calcaire blanche (5 Y 8/1) avec de nombreuses impuretés.
    D : environ 13 cm.

LES AMPHORES DE LA COUCHE 3d

Anses d'amphore avec cachet

1. Anse avec un cachet peu distinct sur sa partie supérieure. On peut y lire ce qui suit : HERAKLEITOU.
   Pâte - argile très fine, very pale brown (1o YR 7/4). Cachet rhodien. Datation : 21o - 175 ap. J.-C. Voir BIFAO, tome 77, 1977; p. 216, cat.no.49. Voir aussi : Schuchhardt, Die In- schriften von Pergamon. Vol. II, Berlin 1895. Cat.no.lol9.

2. Anse avec un cachet dans sa partie supérieure. Le cachet n'est distinct que dans le milieu et le côté gauche où l'on voit un A majuscule dans un cercle.
   Pâte - reddish yellow (7.5 YR 7/6) avec de grands grains de quartz ou des paillettes de mica.
   A dû être fabriqué soit à Thasos soit à Chio. Le cachet sem- ble devoir être attribué à Chio alors que l'anse serait plu- tôt originaire de Thasos. Voir Hesp. Suppl. X, 1959; p. 172, cat.no. 219. Hesp. III, 1934; p. 197-31o; cat.no. 267. (Tha- sique).

3. Anse avec un creux irrégulier dans sa partie supérieure. S'agit-il d'un cachet ?
   Pâte - pink (5 YR 7/4) avec des particules noires et grises.
   Engobe - ca. pinkish white - pink (5 YR 8/2 - 8/3) avec de nombreuses particules rouges et noires.

Anses d'amphore sans cachet

4. Anse.
   Pâte et côté intérieur ≠ reddish yellow (7.5 YR 7/6) avec des particules calcaires.
   Anse et côté extérieur - reddish yellow (7.5 YR 8/6).

5. Anse.
   Pâte - pink (5 YR 8/3), argile finement délayée, avec des particules rouges et des paillettes de mica. Le côté extérieur a, maintenant, la couleur de l'argile, mais, à certains en- droits, on peut voir les traces d'un engobe noir mat.

6. Anse.
   Pâte - reddish yellow (5 YR 7/6) avec quelques particules blanches et grises.
   Engobe - relativement fin , pink (7.5 YR 8/4) - reddish yellow (7.5 YR 8/6). Quelques particules foncées dans l'engobe.

1:4

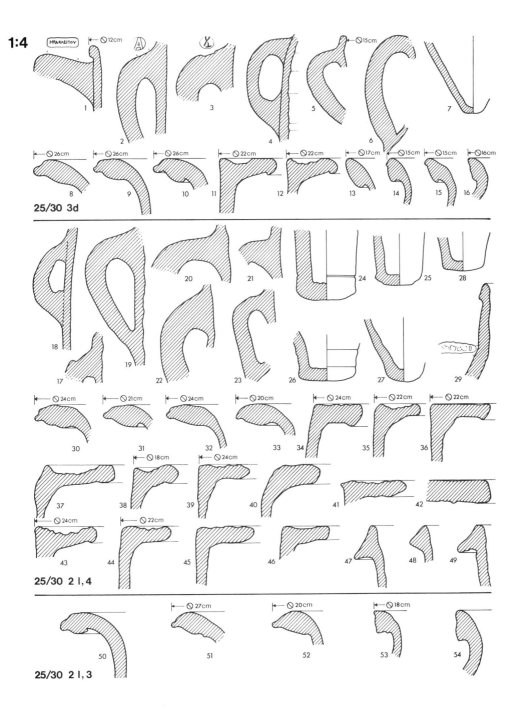

25/30 3d

25/30 2 I, 4

25/30 2 I, 3

Fond d'amphore

7. Pâte - red (2.5 YR 5/6) avec des paillettes de mica et des particules calcaires.
Engobe, côté extérieur - pink (5 YR 7/3).

Rebords d'amphore
Cintas type 312

8. Pâte - reddish yellow (5 YR 7/8).
Engobe - very pale brown (lo YR 8/4).

9. Pâte - pink (7.5 YR 8/4).
Engobe - pink (7.5 YR 8/4).
D : 22 cm.

lo. Pâte - light red (2.5 YR 6/8) avec quelques grandes particules blanches ainsi que quelques grains de mica.
D extérieur : 26 cm.

Cintas type 315

11. Pâte - light red (2.5 YR 6/8) avec des particules calcaires.
D : 22 cm (extérieur).

12. Pâte - light red (2.5 YR 6/8) avec des particules calcaires.
D : 22 cm.

Amphore de tradition punique, forme 2

13. Pâte - pink (5 YR 8/4) avec des particules noires.
Engobe - pinkish white (5 YR 8/2).
Nous remercions, ici, M. J. van der Werff, Institute of Utrecht, pour ses déterminations relatives à Carthage. Voir van der Werff, "Coastal region Sousse - Sfax". H : O m 8o.

Amphores de tradition punique, forme 3

14. Pâte - light red (2.5 YR 6/8) avec des particules blanches et noires. Assez fort cuite.
A l'extérieur, cuite plutôt pinkish white (7.5 YR 8/2) avec de nombreuses particules blanches et noires. A l'intérieur, faible éclat rougeâtre.
D : environ 15 cm. Voir van der Werff : "Northern Tunisian, but more probably Tripolis. Late 3rd cent. B.C."

15. Pâte - gris moyen, fort cuite, avec de nombreuses particules blanches.
D : environ 15 cm. Voir "Carthagenian ?, more likely Tripolitanian".

<u>Amphore de tradition punique</u>

16. Pâte - reddish yellow (5 YR 7/8) avec de nombreuses particules noires et rouges.

   Engobe - very pale brown (lo YR 8/4).

<u>LES AMPHORES DE LA COUCHE 2,1,4</u>

<u>Anses d'amphore</u>

17. Traces d'un cachet sur la partie supérieure.

   Pâte - light red (2.5 YR 6/6) avec des particules blanches, oranges et grises.

   Engobe, à l'extérieur - light pale brown (lo YR 8/3) avec des impuretés.

<u>Amphore de tradition punique, forme 2 ou 3</u>

18. Pâte - reddish yellow (5 YR 7/8) avec de fins grains de mica et des particules blanches.

   Engobe, à l'extérieur - very pale brown (lo YR 8/3).

<u>DIVERS</u>

19. Pâte - light red (2.5 YR 6/8) avec des particules blanches et noires.

   Engobe, à l'extérieur (fin badigeon) - pink (5 YR 8/3) - white (lo YR 8/2).

2o. Pâte - light red (2.5 YR 6/6 - 6/8) avec de nombreuses particules grises et blanches.

21. Pâte - light red (2.5 YR 6/8) avec des particules noires et calcaires.

22. Pâte - pink (5 YR 8/4) avec des particules blanches et noires et des grains de mica.

   Engobe, à l'extérieur - pinkish white - pink (7.5 YR 8/2-4).

23. Pâte - light reddish brown (5 YR 6/6) avec de nombreuses impuretés.

   <u>Fonds d'amphore</u>
   <u>Cintas type 312</u>

24. Pâte - light red (2.5 YR 6/8) avec des particules blanches et noires.

   Engobe qui est plutôt un badigeon - reddish yellow (5 YR 7/6) avec de nombreuses impuretés à la surface.

Dans le sillon circulaire et sur la courbe du fond : masse blanche ressemblant à du calcaire.

25. Pâte - reddish yellow (5 YR 7/6) avec des particules blanches et noires ainsi que des grains de mica.

26. Pâte - light red (2.5 YR 6/8) avec des particules noires et blanches.

Engobe, à l'extérieur, plutôt un badigeon - reddish yellow (7.5 YR 6/6) avec de nombreuses particules.

Engobe, à l'intérieur - pinkish white (7.5 YR 8/2).

DIVERS

27. Pâte - pink (5 YR 8/3).

Engobe, à l'extérieur - very pale brown (lo YR 8/3) avec de nombreuses impuretés.

A l'intérieur : sillon circulaire résultant de la fabrication.

28. Pâte - pinkish white - pink (5 YR 8/2 - 8/3) avec des impuretés noires.

Rebord d'amphore avec cachet

29. Pâte - light red (2.5 YR 6/8), faite d'une argile assez grossière, avec de petites pierres noires, des particules calcaires et des paillettes de mica.

Badigeon - light red (2.5 YR 6/6), avec beaucoup de petites pierres et d'impuretés à la surface.

Sur le col : cachet ayant la forme d'un pied allongé. Le cachet semble illisible. Les lettres pourraient être : CAY.LI. mais leur forme est différente. Les lettres L + I ont des "hastae" massives verticales alors que les lettres C + A paraissent fines et fluettes comme c'est le cas pour la langue écrite normale. Peut-être faut-il renverser le cachet, ce qui fait apparaître, semble-t-il, la lettre T.

D : environ 12 cm.

Rebords d'amphore sans cachet
Cintas type 312

3o. Pâte - light red (lo R 6/6).

Engobe - very pale brown (lo YR 7/4) avec de nombreux petits grains de mica ainsi que de grandes et petites particules calcaires. Voir aussi UOM Exc. I p. 1o9 - 11o; type IIb et III.

31. Pâte - reddish yellow (5 YR 7/6) avec de nombreux grains cal-
    caires de dimensions moyenne s.

32. Pâte - reddish yellow (5 YR 6/8).
    Engobe - white (1o YR 8/2).

33. Pâte - reddish yellow (5 YR 7/6).
    Engobe, à l'extérieur - light gray - very pale brown (1o YR
    7/2 - 7/3). Voir aussi UOM Exc. I p. 1o9 - 11o; type IIb et
    III.

Cintas type 315

34. Pâte - reddish yellow (5 YR 7/6) avec des particules blanches,
    rouges et noires.
    Engobe - light red (2.5 YR 6/8) avec de nombreuses impuretés.

35. Pâte - light red (2.5 YR 6/8) avec des particules blanches,
    rouges et noires.

36. Pâte - light red (2.5 YR 6/8) avec des grains de mica et des
    particules noires.
    Engobe - difficilement définissable en raison d'une épaisse
    couche d'impuretés sur les côtés. Il semble brunâtre.

37. Pâte - light red (2.5 YR 6/8) avec des particules blanches et
    grises et des paillettes de mica.
    Engobe, à l'extérieur - very pale brown (ca. 1o YR 8/3) avec
    de nombreuses impuretés.

38. Pâte - light red (2.5 YR 6/6 - 6/8) avec des particules blan-
    ches, grises et noires.
    Engobe - light red (2.5 YR 6/6) avec de nombreuses impuretés.

39. Pâte - light red (2.5 YR 6/6) avec des particules blanches et
    grises et des grains de mica.
    Engobe - pinkish white (ca. 7.5 YR 8/2).
    D : environ 24 cm.

4o. Pâte - yellow (1o YR 7/6) avec des particules blanches, grises
    et noires.
    Engobe - fin, plutôt reddish yellow (7.5 YR 7/6) à very pale
    brown (1o YR 8/4) avec beaucoup d'impuretés.

41. Pâte - pink (5 YR 8/4) avec des particules noires et blanches

ainsi que des grains de mica.

Engobe - pinkish white (5 YR 8/2) avec beaucoup d'impuretés.

42. Pâte - white (lo YR 8/2) à pinkish white (7.5 YR 8/2) avec de nombreuses impuretés noires.

Le côté extérieur qui est recouvert de mottes d'argile appliquées irrégulièrement est très inégal.

D : environ 3o cm.

43. Pâte - reddish yellow (5 YR 7/6) avec des particules grises et oranges ainsi que de nombreux grains de mica.

Engobe - pinkish white (7.5 YR 8/2) avec de nombreuses impuretés noires.

D : environ 24 cm.

44. Pâte - light red (2.5 YR 6/8) avec des particules blanches, grises et noires.

D : environ 22 cm.

45. Pâte - light red (2.5 YR 6/8) avec des particules blanches, grises et noires ainsi que des grains de mica.

Engobe - white (lo YR 8/2) avec de nombreuses impuretés.

D : environ 24 cm.

46. Pâte - light red (2.5 YR 6/8) avec des paillettes de mica.

Engobe - s'étant peut-être écaillé.

Dressel 1 ou 1A ?

47. Pâte - pink (5 YR 8/4) à reddish yellow (5 YR 7/6) avec des particules noires, blanches et oranges ainsi que des paillettes de mica.

Engobe, fin - very pale brown (lo YR 8/3 - 7/3) avec de nombreuses impuretés comme dans la pâte. La surface a l'aspect du papier de sable - abrasif.

D : environ 16 cm.

48. Pâte - reddish yellow (7.5 YR 7/6) avec des particules blanches, grises, oranges et noires ainsi que des paillettes de mica.

Ravalement sur les côtés ?

D : environ lo cm.

49. Pâte reddish yellow (5 YR 7/6) avec des particules blanches, grises et noires ainsi que des paillettes de mica.

Engobe - reddish yellow (5 YR 7/6) avec des particules blanches et noires ainsi que des paillettes de mica.
D : environ 14 cm.

LES AMPHORES DE LA COUCHE 2,1,3

Rebord d'amphore avec cachet
Cintas type 312

50. Pâte - reddish yellow (5 YR 6/8), à très gros grains avec une
    certaine quantité d'impuretés.
    Engobe - Extérieur : very pale brown (1o YR 8/3).
             Intérieur : reddish yellow (5 YR 6/8).
    Empreinte de cachet circulaire sur le côté extérieur.

Rebords d'amphore sans cachet
Cintas type 312

51. Pâte - reddish yellow (2.5 YR 6/8) avec des particules cal-
    caires.
    D : 27 cm.

52. Pâte - pink (7.5 YR 7/4) avec de grandes particules calcaires.
    D : environ 2o cm.

Amphores de tradition punique, forme 3

53. Pâte - reddish yellow (7.5 YR 7/6) avec des particules cal-
    caires et de petites pierres.
    D : environ 18 cm.

54. Pâte - light red (2.5 YR 6/8).
    Engobe - pinkish white (7.5 YR 8/2) avec de grandes particules
    calcaires.

Commentaires relatifs aux objets en céramique choisis.

FLACONS (BALSAMAIRES)

Les flacons qui ont été découverts constituent, du point de vue
argile et technique, un groupe non homogène, ce qui nous amène à
supposer qu'il s'agit de produits provenant de différents ateliers.
Le no. 34 se distingue des autres exemplaires par sa pâte grise.

Nous pouvons, provisoirement, répartir le matériel dont nous disposons dans les groupes de formes suivants :

1. A panse ronde, plutôt globulaire, forme no.2. Cf. Almagro 1953,
    8o, fig. 51.3 (Inhumación Martí no.73 datant du Ve siècle) et
    Jehasse-Jehasse 1973, 277 no.7o5 pl. 142 (le dépôt de la paroi
    orientale date de 32o à 28o).

2. Forme ovale. Nos.1, 35 et 73 auxquels s'ajoutent, probable-
    ment, les nos.3 et 74. Cf. Almagro 1953, 283-284 fig. 2o2.6-9
    (Inhumación Granada no.7 datant de 3oo-25o) et 227 fig. 19o.
    4-9 (Inhumación Mateu no.1 datant de 25o-2oo). Jehasse-Jehasse
    1973,131 no.4o pl. 142 (Tombe 4 (196o/D) datant de 2oo-15o).

3. Pied en forme de tige. No.34. Cf. Almagro 1953, 229 fig.193.
    1-3 (Inhumación Mateu no.6 datant du début du IIe siècle) et
    Jehasse-Jehasse 1973, 13o no.36 pl. 142 (Tombe 3 (196o/C) da-
    tant de 2oo-15o).

Les flacons (balsamaires) fuselés sont courants dans toute la région méditerranéenne y compris l'Afrique du Nord durant la période
hellénistique 1). On en a trouvé un grand nombre d'exemplaires à
Carthage qui a, probablement, eu un ou plusieurs ateliers de pote-
rie produisant des flacons 2).

CERAMIQUE A VERNIS NOIR

Nous avons trouvé une assez grande quantité d'objets en céramique
dans les couches 3d, 21 4 et 21 3. Il semble s'agir, surtout, de
produits campaniens A auxquels viennent s'ajouter des imitations
de produits campaniens A. Ce dernier groupe est fort peu homogène
du point de vue pâte et vernis. Un exposé plus précis sur la céramique à vernis noir ne sera donné que lors de la publication définitive dans laquelle nous procéderons à une classification plus détaillée du matériel en notre possession.

Produits campaniens A   3).

Les formes suivantes sont représentées :

Lamb. 5 ? : nos.5, 6 et 39.
Lamb. 27 ? : nos.7, 37, 38, 4o et 77.
Lamb. 28 : nos.36, 8o ?
Lamb. 31 : nos.8, 44.
Lamb. 36 : nos.48, 82.

De nombreuses publications ont paru, récemment, relatives à la céramique à vernis noir provenant de Carthage, où il n'est pas rare de trouver des produits campaniens A.   4).

Imitations de produits campaniens et autres

Lamb. 22 : no.1o.
Lamb. 21/25 B : no.4.
Lamb. 28 ? : no.46.
Lamb. 31 : no.79.
Lamb. 36 : nos.13 et 67.

Nous connaissons les imitations de produits campaniens A à pâte grise, entre autres, grâce aux fouilles françaises et américaines effectuées à Carthage 5). Il y avait, à Tunis, un four de potier ayant fabriqué de tels produits 6).
Le no.43 est considéré comme étant un raté de cuisson campanien.
Le no.42 est pourvu d'un bourrelet externe sur le pied, bourrelet qui est considéré comme étant typique des produits campaniens B   7) mais les caractéristiques de l'argile ne correspondent pas aux produits campaniens B. Les nos.12, 15 et 16 ne sont certainement pas des produits campaniens.

La poursuite projetée des fouilles danoises nous permettra, probablement, de découvrir un grand nombre de céramiques à vernis noir, ce qui nous donnera la possibilité de procéder à une classification plus précise.

CERAMIQUE A FEU (COOKINGWARE)

Ce produit est homogène et facilement reconnaissable. Les formes suivantes sont caractéristiques   8) :

1.   Plat à feu à bord plat. Nos.2o, 52 et 86. Cf. Ferron-Pinard 1960-1961, 144 no.4o7 pl. 71.

2.   Marmite. Nos.17, 18, 5o, 51 et 85. Ferron-Pinard 1960-1961,
      144 no.4o5 pl. 7o.

3.   Plat à feu. Nos.19, 54 et 87. Cf. Fantar-Chalbi 1972 pl. 25.
      14-15 et variante Ferron-Pinard   1960-1961, 145 no.4o6 pl.71.

4.   Forme fermée. Nos.53 et ?88. Cf. Fantar-Chalbi 1972 pl. 29.13
      et 3o.17.

5.   Bols/couvercles. Nos.21, 22, 56, 83 et 9o. Cf. Ferron-Pinard
      196o-1961, 145 no.411 pl.72.

6.   Divers. Nos.23, 55, 57-58, 84 et 89.

Cette céramique est représentée à Carthage, entre autres, dans les
anciennes et récentes fouilles françaises à Byrsa   9). Quelques
tessons ont été découverts lors de fouilles effectuées par l'université du Michigan 1o).et, si l'on en juge d'après les dessins
de coupes publiés, dans deux dépotoirs de la Rabta à Tunis 11).
Quelques vases entiers se trouvent disséminés dans plusieurs mu-
sées d'Europe et d'Amérique 12). Le fait que les deux dépotoirs
se trouvaient à proximité d'un four de potier tend à prouver qu'il
y avait une production locale. Les nos.57 et 58 sont décorés de
lignes parallèles peintes. On peut faire une comparaison, ici,
avec la "céramique à décor de filets peints" d'Hippone 13).

On peut faire un parallèle entre ce groupe de céramique et les produits de la Méditerranée orientale en se référant à la céramique
hellénistique d'Agora à Athènes 14).

DIVERS

Le no.59 est un produit d'importation ibérique provenant, visiblement, d'un "sombrero di coppa". Cf. pour la décoration Jehasse-Jehasse 1973, 113, 117, 313 no.1o16 pl. 134 (de la Tombe 57 (1966/4)
datant de 2oo-15o). Il n'est pas rare de trouver des objets en céramique ibériens de ce type dans la région méditerranéenne occidentale et l'on a découvert, à Carthage, plusieurs exemplaires de ce
produit lors des fouilles françaises et américaines 15).

Un petit nombre de tessons sont recouverts d'un vernis rouge : les
nos.24, 25, 62, 63 et 64. Nous pouvons nous référer, ici, à la
"céramique intérieurement vernissée de rouge" de Thamusida et Hippone ainsi qu'aux trouvailles d'Aleria 16). Les exemplaires four-
nis par les fouilles danoises sont peu homogènes en ce qui concerne

l'argile et la technique et il est possible qu'il s'agisse, dans
certains cas, de ratés de cuissons campaniens.

Les nos.26 et 28 peuvent être mis en parallèle avec les trouvailles
publiées par l'expédition du Michigan 17).

Le no.66 est un fragment de lampe d'un type dont on a trouvé des
exemplaires mieux conservés 18).

VAISSELLE DE CUISINE

Le profil de rebord qui est représenté par les nos.32, 7o et 95
est une forme caractéristique qui est, d'ailleurs, faite d'argiles
fort semblables. On peut le comparer avec des trouvailles publiées
par l'expédition du Michigan 19). Il est possible qu'il faille
combiner ce profil de rebord avec les pieds ayant le même type que
le no.31, dont l'argile rappelle celle des trois pièces ci-dessus.

Le no.72 provient, peut-être, d'une amphore.

AMPHORES

Les rebords du type Dressel 1A présentent un intérêt tout particu-
lier. Ce type d'amphore italique date du IIe siècle, et cette datation se base, principalement, sur les trouvailles d'amphores du
type Dressel 1A à Albintimilium, dans la couche VI B, amphores qui
datent, elles, d'env. 18o-1oo 2o). La découverte de ce type de
rebord dans la couche 2,1,4 semble appuyer cette datation.

Le type Cintas 312 est, d'ailleurs, également représenté dans ce
matériel par un type d'amphore punique datant du IIe siècle 21).
Il faut noter, ici, que M. J.A. Riley a réparti les amphores en
trois sous-groupes d'après la forme du profil de leur rebord 22).

Le type Cintas 315 date des IVe et IIIe siècles 23). Le matériel
de la couche 2,1,4 donne une idée de la variété des formes que l'on
trouve dans ce type.

Nous attirons votre attention, pour terminer, sur le cachet d'amphore rhodien. Voir la cat.no.1.

CONCLUSION

Le matériel céramique provenant des couches 3d, 2,1, 4 et 2,1,3
semble fort homogène. Les couches sont datées, sur la base des

découvertes de monnaies, de la première moitié du IIe siècle av.
J.-C., datation qui est entièrement appuyée 24) par les parallèles de style avec la céramique.

Un grand nombre de tessons provenant de la couche 3d avaient changé
de coloration suite au contact avec une matière noire et grasse
qui devient brillante par frottement. Il ne s'agissait, cependant
pas, d'une nouvelle cuisson.

Dans les couches 3d et 2,1,4 nous avons, également, trouvé des
fragments d'enduit de mur et de sols.

Les couches sont, d'ailleurs, passées en revue dans le chapitre de
ce rapport, traitant de la stratigraphie. Une véritable couche de
destruction n'a, vraisemblablement, pas encore été mise au jour et
nous ne pourrons donner une interprétation définitive qu'après
avoir obtenu le résultat des fouilles projetées. Nous pouvons, cependant, mentionner le fait que le caractère des couches ainsi que
le matériel trouvé rappelle fortement le sondage H 11 13 des fouilles françaises à Byrsa, sondage qui a fait l'objet d'une publication par M. Lancel en 1977, p.23 et suivantes.

NOTES :

1) La littérature relative aux flacons (balsamaires) est très
    abondante. Nous nous contenterons de mentionner, ici, P. Hell-
    ström, Labraunda : Pottery of Classical and later date terra-
    cotta lamps and glass. Reprinted from Skrifter utgivna av
    svenska institutet i Athen, 4°, V, II : 1,1971, 23-27. L. Fon-
    ti :.Rend. Acc. Napoli. 37, 1962, 143-155. G. Vuillemot : Re-
    connaissances aux échelles puniques d'Oranie, 1965, 193-195.
    S.L. Dyson : The Excavations at Dura-Europos, Final Report
    IV Part I Fascicle 3, 1968, 8-9. S.L. Dyson i MAAR 33, 1976,
    82 et 1o9-11o.

2) Cf., par exemple, P. Gauckler : Nécropoles Puniques, 1915 pl.
    216. CVA, University of Michigan fasc. 1 pl. 45, 1-5, 7-16.
    P. Cintas : Céramique Punique, 195o, 65-69 pl. 2. 29-36. CVA
    Copenhague, Musée National, fasc. 7, pl. 298. 5-7 et 9. Lan-
    cel 1977, 26 du sondage H 11 13, couche 5. A.M. Bisi, RivSt-
    Fen V, 1, 1977, 41-43 nos. 28-31. Hayes 1978, 8o no. D 58
    fig. 25.

3) Parmi l'abondante littérature relative à la céramique campanienne nous nous contenterons d'en référer à Morel 1976, 488-
   497, où vous trouverez d'autres références.

4) A. Iciek-A. Jagodziński-J. Kolendo-J. Przenioso, Carthage :
   Cirque-Colline dite de Junon-Douar Chott, Recherches archéo-
   logiques et géophysiques polonaises effectuées en 1972, 1974,
   72-74 nos. 1-1o. Hayes 1976, 74 fig. 12 et passim. Hayes 1978,
   29 no.12 et 65 no A 71 Lancel 1977, 25 et suivantes du sondage H 11
   13, couches 1, 4, 5, 6 et 7. A ceci s'ajoute le matériel provenant des anciennes fouilles françaises.

5) Lancel 1977, 25 et suivantes, provenant du sondage H 11 13,
   couches 1, 4, 5 et 6. Hayes 1976, 74 et 79, nos. A 7-8, fig.
   12.

6) Fantar-Chalbi 1972.

7) Morel 1976, 493.

8) Les parallèles indiqués du point de vue des formes sont des
   parallèles supposés. Nous manquons, presque totalement, de
   dessins de coupes du matériel de comparaison. Nous remercions,
   ici, M. Jaap van der Werff de nous avoir renvoyés à Ferron-
   Pinard 196o-1961. La constatation op.cit. 145m note 1 : "Cette
   céramique utilitaire n'est pas souvent mentionnée dans les
   compte rendus de fouilles ..." est toujours valable.

9) Ferron-Pinard, 196o-1961, 144-146, nos. 4o5-411. Cette céramique se retrouve, d'ailleurs, dans le sondage H 11 13, couches 5-7 (Lancel 1977, 26 et suivantes). La couche 6 est considérée comme étant la couche de destruction de 146 av. J.-C.

1o) Cf. Hayes 1976, 6o Deposit X.15. La tradition des formes est,
    apparemment, continuée par le Early Roman Cooking Ware 1 type
    E et le Early Roman Cooking Ware 2 type A et B de Hayes. Cf.
    aussi Hayes 1976, 59 Deposit IX.8; 62 Deposit XI.11 et 98 no.
    C 14 et Hayes 1972, forme 191-192.

11) Fantar-Chalbi 1972, 364-365 pls. 25.13-15 et 26.17-18.

12) Par exemple A.M. Bisi, RivStFen V, 1, 1977, 38-39, nos.2o-21
    pl. 11. 4-5.

13) Morel 1967, 126 fig.59-63. Morel date le groupe de la fin du
    IIe siècle au Ier siècle.

14) H.A. Thompson, Hesperia 3, 1934, 466-468.

15) Morel 1967, 124-126. Hayes 1976, 82, no.A 62 pl. 25. Hayes
     1978, 32 no.26 pl. 2. Lancel 1977, 26 trouvée dans le sondage
     H 11 13, couche 5 (voir ci-dessus la note 9).

16) Morel 1965, 79-8o. Morel 1967, 126. Jehasse-Jehasse 1973, lo5-
     lo6, 116. Cf. aussi Morel 1976, 494-495.

17) Le no.26 rappelle Hayes 1976, 6o Deposit X.12, fig. 5, mais
     le produit est un autre. Le no.28 ressemble à Hayes 1978, 8o
     D63, fig. 25.

18) Une autre lampe a été reproduite dans la publication du Musée
     National danois "Arbejdsmark".

19) Hayes 1976, 6o Deposit X.27, fig. 5; lo4 no.D 26, fig. 17;
     Hayes 1978, 34. Deposit XVIII. 29 fig. 4.

2o) N. Lamboglia dans RivStLig 21, 1955, 241-27o. 252 fig. 9.

21) M. Ponsich dans Karthago 15, 1969, 197o, 85 fig. 2 type IV.

22) J. Riley dans Excavations at Carthage 1975 conducted by the
     University of Michigan, I, 1976, lo9 fig. 19, 4-7.

23) J. Riley, op.cit.lo9, Early Amphora type I.

24) La seule exception possible est le no. 42 dont le profil de
     fond rappelle la céramique campanienne B. Mais cette détermi-
     nation n'est pas sûre et il peut s'agir, aussi, d'une intru-
     sion postérieure.

1:4

AG

LES OBJETS EN CERAMIQUE RECUEILLIS DANS LES TOMBEAUX DES PIECES
AO ET AG (Fig. 2o-23)

En dehors de squelettes, ossements d'animaux, rivets de fer, pièces
de monnaie et objets en céramique recueillis dans les tombeaux AG
et AO (voir p. 32   et 33) et signalés plus haut, nous avons
également trouvé des fragments de verre ainsi que quelques aiguil-
les en os et en métal. Tout le matériel dont nous disposons sera
traité dans la publication définitive et nous nous contenterons
donc de vous présenter, ici, un choix des plus importantes découvertes d'objets en céramique.

Dans notre classification des objets en céramique nous nous sommes
efforcés d'utiliser une classification et une terminologie suivant,
en partie, celles qu'emploie M. John W. Hayes dans son ouvrage
"University of Michigan, Excavations at Carthage 1975 I" parce que
c'est le système qui nous paraît le plus simple et le plus logique.

Lorsque des numéros de trouvailles ou des références de localisation sont soulignés, comme par exemple F77-227 ou AO,15, c'est
parce qu'ils se réfèrent aux plans des tombeaux (Pl. II).

CHOIX D'OBJETS EN CERAMIQUE RECUEILLIS DANS LE TOMBEAU AG

CRUCHES : Il s'agit, principalement, de CRUCHES CHAMOIS (CERAMIQUE
          "BUFF") de la basse époque romaine.

1. Cruche à embouchure trilobée. Corps ovoïde à fond plat. Anse
    à bande avec section ovale et cannelure verticale à l'exté-
    rieur et à l'intérieur. Corps rainuré au tour. Argile non
    homogène, contenant de nombreuses particules calcaires et une
    certaine quantité de particules noires et paillettes de mica.
    Pâte rouge-orange. Paroi extérieure recouverte d'un engobe
    chamois contenant des parties orange pâle. Hauteur : 15 cm 4,
    'diamètre max. : lo cm 4. Il n'y a qu'une petite ébréchure à
    l'embouchure.
    (F75-114). Fig. 36.

2. Flacon à embouchure circulaire. Corps ovoïde très étroit et
    allongé avec rétrécissement au-dessus d'un fond très irrégu-
    lier (le flacon ne peut pas tenir debout). Anse à section
    arrondie. Corps rainuré au tour. Surface de couleur lo YR 7/1

Fig. 36.
Tombeau AG. Cat. no. 1.
H : 15 cm 4.

Fig. 37.
Tombeau AG. Cat.no. 23.

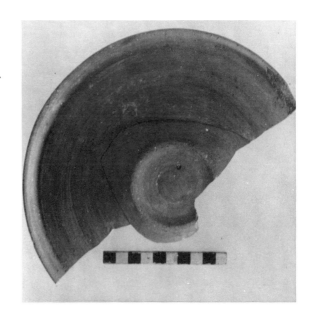

1:2

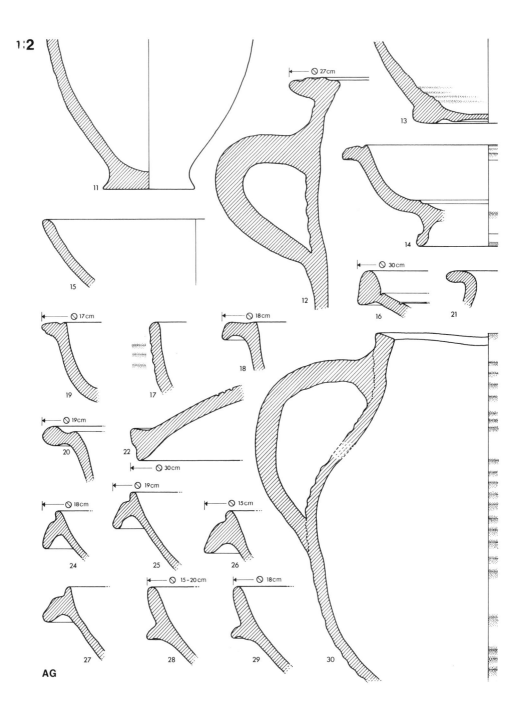

11

15

12

13

14

16   21

19   17   18

20   22

24   25   26

27   28   29   30

AG

90

(light grey). Il n'y a pas de cassure et la couleur de la pâte ne peut donc pas être déterminée. H : 16 cm 5, D mx : 5 cm 7 (F77-121).

3. Cruche à embouchure trilobée. Corps piriforme. Fond bombé vers le haut avec un bouton en son centre. Anse à bande avec deux cannelures verticales. Corps rainuré au tour. Argile riche en petites particules calcaires. Pâte de couleur lo YR 7/2 (light grey), et surface de couleur 5 YR 8/2 (pinkish white). Entièrement conservée à l'exception de 5 trous dans la panse. H : 19 cm 7, D mx : 14 cm 9. (F77-122).

4. Même forme que le no.3. Anse à bande avec section ellipsoïde et cannelure verticale à l'extérieur. Corps légèrement rainuré au tour. Argile contenant quelques petites particules calcaires. Couleur extérieure : 5 YR 8/3 (pink). Couleur intérieure : lo YR 7/4 (very pale brown). Pâte de couleur 5 YR 5/4 (reddish brown). Cruche constituée de nombreux tessons dont un grand nombre manque. H : 18 cm 3. D mx : 13 cm 6.

5. Même forme que le no. 3. Corps rainuré au tour. Argile non homogène, riche en particules calcaires. Pâte de couleur 7,5 YR 6/6 (reddish yellow), mais surface plus foncée. Cruche formée de nombreux fragments dont beaucoup manquent. H : 19 cm 6, D mx : 14 cm 8 (F77-219).

6. Même forme que le no. 3. Anse à bande avec deux cannelures verticales. Paroi extérieure et intérieure de couleur 5 YR 8/3 (pink). Pâte de couleur lo YR 8/3 (very pale brown). Cruche formée de nombreux tessons. Il manque une grande partie sous l'anse. H : 22 cm 2, D mx : 16 cm 5 (F77-22o + 223).

7. Même forme que le no. 3. Anse à bande avec rainures verticales très rapprochées. Surface de couleur 5 YR 8/4 (pink). Cruche entière, sans cassures. H : 13 cm 2, D mx : lo cm 8. (F77-221).

8. Cruche à embouchure circulaire et col cylindrique partant de la panse. Anse à bande avec section ellipsoïde, présentant une cannelure verticale. Col et panse rainurés au tour. Argile non homogène, riche en particules foncées. Pâte de couleur lo YR 7/4 (very pale brown) et surface extérieure de couleur 5 YR 8/3 (pink). Cruche entière à l'exception de trois trous

dans la panse. H : 18 cm 3, D mx : 12 cm 5 (F77-226).

9. Petite cruche à embouchure circulaire. Corps ovoïde à col évasé. Anse à bande avec cannelure verticale. Col et panse rainurés au tour. La surface de la cruche est de couleur 5 YR 8/3 (pink). Cruche entière, sans cassures. L'embouchure était fermée par un fragment de céramique épais et découpé. H : 1o cm 6, D mx : 6 cm 7. (F77-227).

10. Petite cruche à embouchure trilobée. Corps ovoïde. Anse à bande avec une cannelure verticale. Partie inférieure de la panse rainurée au tour. Fond plat à rondelle. Pâte et surface de couleur 5 YR 7/6 (reddish yellow). H : 15 cm 4, D mx : 9 cm 5. (F77-423).

11. Partie inférieure d'une petite cruche à fond en rondelle. Paroi extérieure légèrement rainurée au tour. Pâte de couleur 5 Y 8/3 (pale yellow) avec des particules foncées. Cruche constituée de deux tessons. H : 9 cm 0. (F77-166).

CERAMIQUE "BUFF" CHAMOIS
D'autres formes

12. Fragment d'une casserolle à anse. L'anse a cinq rainures verticales, à l'extérieur. Rebord et panse rainurés au tour. Peinture noire irrégulière sur la lèvre. Pâte de couleur 7.5 YR 7/6 (reddish yellow) à 2.5 YR 6/8-5/8 (light red - red). Recueilli dans la couche AG, 3.

13. Partie inférieure d'un bol à fond annulaire. Pâte de couleur 5 YR 7/6 (reddish yellow) riche en particules calcaires. Paroi intérieure de couleur 2.5 YR 6/8 (light red) et paroi extérieure à engobe de couleur 7.5 YR 7/6 (reddish yellow). Il y a des restes de suie dans le fond. Forme constituée de cinq tessons (Recueillis dans la couche AG2,2, F77-15o).

CERAMIQUE ROMAINE-AFRICAINE AVEC ENGOBE ROUGE = AFRICAN RED SLIP = TERRE SIGILLEE CLAIRE

14. Fragment d'un bol dont l'embouchure présente huit incisions concaves. Voir Hayes, LRP forme 97 (bowl with scalloped rim = bol à rebord dentelé) datant d'environ 49o-55o. D : environ 13 cm. (Recueilli dans la couche AG2, 1).

15. Fragment du rebord d'un bol ouvert. Pâte fortement cuite, de couleur 2.5 YR 6/8 (light red), avec de petites particules calcaires. Engobe rouge peu brillant à l'intérieur et sur la partie supérieure du côté extérieur. Voir Hayes, LRP forme 181 (early variant, from Tripolitania = ancienne variante de La Tripolotaine).
    D : 17 cm. (Recueilli dans la couche 3a, AG,1).

16. Fragment du rebord d'un plat à lèvre épaissie. Engobe rouge à l'intérieur et seulement sur le rebord, à l'extérieur. Rainure circulaire à l'intérieur. Voir Hayes, LRP forme 1o4, datant d'environ 53o-625.
    D : environ 3o cm. (Recueilli dans la couche AG,2).

17. Fragment du rebord d'un bol à lèvre simple. Sous le rebord, à l'extérieur, rainures circulaires horizontales. Pâte faite d'une argile fine, de couleur 1o R 6/6 (light red). Engobe d'un rouge plus foncé que la couleur 1o R 6/8. (Voir Hayes, LRP forme 9 datant d'environ 15o-2oo).
    D : indéterminable. (Recueilli dans la couche AG, 2).

18. Tesson d'un rebord de bol. Pâte de couleur 1o R 6/8 (light red) avec des particules oranges. Engobe rouge brillant , 1o R 5/8 (red).
    D : environ 18 cm. (Recueilli dans la couche AG, 2,2).

19. Tesson d'un rebord de bol. Pâte de couleur env. 2.5 YR 5/8 avec quelques particules de chaux. Engobe lustré , uniquement sur le côté intérieur et le rebord.
    D intérieur : environ 14 cm. (Recueilli dans la couche 2,e,2 d'AG).

CERAMIQUE ROMAINE-AFRICAINE A REBORD NOIRCI (= AFRICAN BLACK-TOP = VASI AD ORLO ANNERITO)

2o. Tesson d'un rebord de casserolle. Pâte et côté intérieur de couleur 2.5 YR 6/6 (light red). Côté extérieur cuit, de couleur 5 YR 4/2 (dark reddish grey).
    D : environ 19 cm. (Recueilli dans la couche AG, 2,2).

21. Tesson de rebord d'un bol. Pâte et côté intérieur de couleur brun-rouge à orange, avec une certaine quantité de particules noires. Le côté extérieur et le rebord sont cuits, de couleur

noir mat. Voir l'ouvrage "University of Michigan Excavations
I (1975), p. 68 no. 35.
D : indéterminable. (Recueilli dans la couche AG, 2).

22. Fragment de couvercle. Rainures circulaires sur la partie
supérieure. Le rebord est charbonné en gris. Pâte de couleur
2.5 YR 6/6.
D : environ 3o cm. (Recueilli dans la couche 3a d'AG).

BOLS A REBORD EN BOURRELET (=FLANGED BOWLS)

23. Deux grands fragments qui se correspondent, avec profil complètement conservé. Pâte gris clair avec des particules blanches et foncées, 5 YR 7/1.
H : 7 cm, D : 26 cm. (Recueillis dans la couche 3a d'AG, F77-
138). Fig. 37.

24. Tesson de rebord. Pâte jaune rougeâtre (2.5 YR 6/8) et tout
à fait homogène.
D : environ 16 cm. (Recueillis dans la couche 2,e,1 d'AG).

25. Idem. Pâte de couleur 2.5 YR 6/8 (??)(light red), homogène.
D : environ 17 cm. (Recueilli dans la couche 2,e,1 d'AG).

26. Idem. Pâte de couleur 2.5 YR 5/8 (red), contenant de grandes
particules blanches et oranges.
D : de plus de 15 cm. (Recueilli dans la couche 2,e,1 d'AG).

27. Idem. Pâte grisâtre à jaune clair, fort cuite, avec de petites
particules noires.
D : indéterminable. (Recueilli dans la couche AG 2).

28. Tesson du rebord d'un bol à bourrelet bas. Pâte de couleur
rouge clair (2.5 YR 6/6, light red), cuite, grisâtre vers le
côté extérieur, avec de grandes particules calcaires ainsi
que de petites pierres. Le côté intérieur est de couleur 7.5
YR 7/6 (reddish yellow). Le côté extérieur est, lui, de couleur lo YR 7/3 (very pale brown).
D : entre 15 et 25 cm. (Recueilli dans la couche 2,e,1 d'AG).

29. Idem. Pâte rouge clair (2.5 YR 6/6, light red) avec des particules blanches, noires et brun-rouge. Le côté extérieur est
de couleur plus ou moins lo YR 7/4 (very pale brown). Le côté
intérieur est, lui, de couleur 7.5 YR 7/4 à 7/6 (pink to reddish yellow).
D : environ 18 cm. (Recueilli dans la couche 2,e,1 d'AG).

VAISSELLE DE CUISINE DE LA BASSE EPOQUE ROMAINE

30. Vase avec deux anses verticales, constitué de nombreux fragments. Pâte homogène, à grains fins, de couleur 2.5 YR 6/8 (light red). Le côté extérieur est cuit, noir-gris. Col et panse rainurés au tour. H. conservée : 18 cm 9. D mx : 19 cm 4. L'une des anses, le fond et un morceau du côté manquent. (Recueilli dans la couche AG 2, F77-145).

31. Tesson de rebord avec anse. L'anse verticale à bande est incisée à l'extérieur, de lignes parallèles. La paroi est rainurée au tour. Il y a, tout en dessous, une embase carinée. Pâte de couleur orange brunâtre avec des particules blanches et noires. Le côté extérieur est charbonné en noir grisâtre. (Recueilli dans la couche 3 d'AG).

32. Tessons de rebord et de côté avec anse verticale à bande. Le côté extérieur est légèrement rainuré au tour. Pâte de couleur 2.5 YR 6/8 (light red), avec des particules calcaires blanches. Côté intérieur de couleur lo YR 5/8 (yellowish brown). Côté extérieur cuit, de couleur foncée. Forme constituée de trois tessons.
D du rebord : environ 26 cm. (Recueillis dans la couche AG 2,2, supérieure, F77-161).

33. Tesson de rebord de casserolle. Pâte de couleur 2.5 YR 5/6 (red), assez homogène. Parties charbonnées en gris clair sur le côté extérieur. Partie inférieure rainurée au tour. Forme constituée de quatre tessons.
D du rebord : environ 21 cm.

34. Tesson de rebord d'une casserolle. La pâte fortement cuite, est de couleur lo R 5/8 (red) et contient de petites et grandes particules calcaires. Le côté extérieur est cuit, gris et rainuré au tour.
D du rebord : environ 2o cm. (Recueilli dans la couche 3a d'AG,1).

35. Tesson de rebord et de côté d'une casserolle. Pâte de couleur lo YR 5/8. Côté extérieur charbonné en gris dans les couleurs 2.5 YR 4/4 (light red) à 5 Y 7/2 (light grey).
D du rebord : environ 15 cm. (Recueilli dans la couche AG2).

1:2

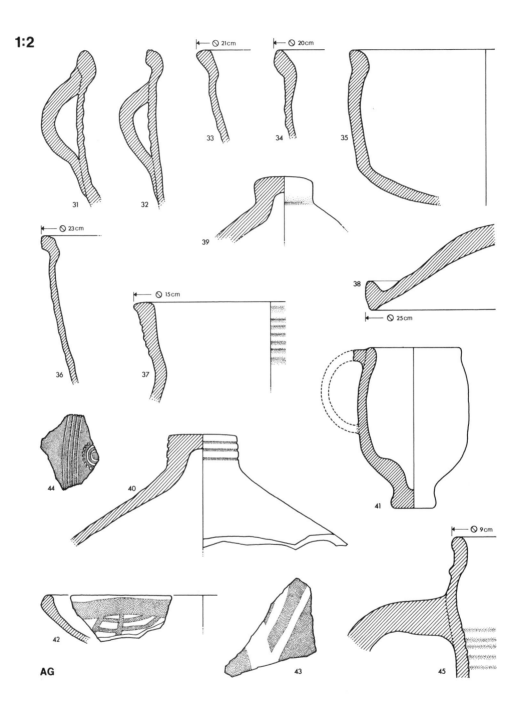

31

32

33

34

⌀ 21 cm

⌀ 20 cm

35

⌀ 23 cm

36

39

38

⌀ 25 cm

⌀ 15 cm

37

44

40

41

42

AG

43

45

⌀ 9 cm

36. Tesson de rebord et de côté d'une casserolle. Pâte de couleur 2.5 YR 6/8 (light red) avec des particules blanches et noires. Le côté extérieur et le bord sont cuits, gris. D : environ 23 cm. (Recueilli dans la couche AG2).

37. Tesson de casserolle. Pâte de couleur 2.5 YR 6/6, contenant des particules noires et blanches. Le côté extérieur est cuit, gris dans la couleur 5 YR 4/1 (dark grey). D : environ 15 cm. (Recueilli dans la couche AG2,1).

38. Tesson de couvercle. Pâte rouge clair (2.5 YR 6/6) avec des particules noires et blanches. Le côté intérieur et la partie inférieure du côté extérieur sont cuits, gris foncé. D : environ 25 cm. (Recueilli dans la couche AG2).

39. Fragment de couvercle avec poignée à bouton. Pâte de couleur 2.5 YR 4/4. La face intérieure tout comme la face extérieure sont charbonnées en noir grisâtre. (Recueilli dans la couche AG2,2, F77-222).

40. Fragment de couvercle avec poignée à bouton. Pâte de couleur 5 YR 6/6. Face intérieure et extérieure plus foncées. Le côté intérieur est rainuré au tour. Très fragmentaire. (Recueilli dans la couche AG2,2, F77-225).

DIVERS

41. Petite tasse avec embase d'anse. Argile fortement endommagée par le feu, de couleur 7.5 YR 4/o (dark grey). L'intérieur est recouvert d'une masse de verre vitrifié incolore. La partie extérieure du pied et la partie inférieure du corps sont recouvertes d'une masse de verre bleu, épaisse de 0,5 cm. (Recueillie dans la couche AG2,1).

42. Tesson de rebord d'un vase ouvert. Pâte très fortement cuite, de couleur orange à brun jaunâtre avec quelques particules noires. A l'extérieur et sur le rebord : engobe blanc gri - sâtre. A l'intérieur : décoration en bande, peinte, de couleur brun rougeâtre foncé. D : environ 18 cm. (Recueilli dans la couche AG2).

43. Tesson de côté. Pâte de couleur 2.5 YR 5/8 (red), avec des particules calcaires blanches. Sans engobe. A l'extérieur : décoration en bande, peinte, de couleur jaune blanchâtre. (Recueilli dans la couche AG2,1).

Fig. 38.
Tombeau AG. Cat.no. 46.

Fig. 39.
Tombeau AG. Cat.no. 47.

44. Tesson de côté avec décoration circulaire incisée. Pâte de
    couleur lo YR 6/1 (grey) avec des particules claires. Surface
    jaune grisâtre.
    (Recueilli dans la couche AG2,1, F77-147).

AMPHORES

45. Fragment de col d'amphore avec anse. Pâte de couleur lo R 6/6
    (light red) avec un coeur gris très foncé. Riche en particu-
    les noires et brun-rouge. Le côté intérieur et extérieur sont
    recouverts d'un engobe de couleur 5 Y 8/2 à 8/3 (white to
    pale yellow) riche en particules noires et brun-rouge.
    D du rebord : environ 9 cm. (Recueilli dans la couche AG2,1).

46. Fond d'amphore. Argile brun clair à brun-noir, contenant une
    certaine quantité de paillettes de mica. Surface rainurée au
    tour. La pointe du fond est tubulaire. H : 14 cm 2. Voir
    l'ouvrage "University of Michigan, Carthage I, p. 117 class
    3 = type Biv = Ballana type 13".
    (Recueilli dans la couche AG2,1, F77-87). Fig.38.

47. Col d'amphore à deux anses verticales à bande. Argile brune,
    riche en paillettes de mica. H : 15 cm, D de l'embouchure :
    3 cm 7. De même type que le fragment précédent.
    (Recueilli dans la couche 2 e 2 d'AG). Fig.39 .

Commentaires relatifs aux objets en céramiques du tombeau AG :

En ce qui concerne les cruches (nos. 1-11) on n'a publié que très
peu de matériel de comparaison. Le no. 2 peut être comparé à une
forme très proche qui se trouve au Département des Antiquités Classiques et Proche-Orientales du Musée National danois (no. d'inv
ABc 683, acquise par Falbe). Les formes nos. 3-7 peuvent être mises
en rapport avec les "Late Roman Buff Ware, base type 2" (UoM Exc.I
p. 1o2) de M. Hayes. Le no. 12 est proche du "Late Roman Buff Ware
type 2" (UoM Exc. I ibidem).
Les fragments d'"African Red Slip" nos. 15 et 17 peuvent être ré-
siduels, alors que les nos. 14, 16 et 18 (le dernier étant proche
de Hayes, LRP form 93 var.A, pp. 146-147 env. 47o-5oo) semblent devoir dater des environs de la fin des Ve et VIe siècles et, même,
du VIIe siècle. Nous constatons, ici, une certaine discordance
entre ces datations et les monnaies trouvées dans le tombeau AG,
car les monnaies les plus récentes sont définies comme étant vandales et datant du Ve siècle (selon Mme. Anne Kromann Balling).
Le no. 22 "African Black Top" est apparenté à Hayes, LRP form 182,
cf. aussi UoM Exc. I p. 54-55 no. 46 (fin du Ve siècle au milieu
du VIe siècle). Les "Flanged bowls" nos. 24-27 appartiennent au
type Ia-b (UoM Exc. IV p. 68-69, Exc. I p. 88-89, env. 4oo-55o),
alors que les nos. 28-29 (type II) donnent matière à réflexion car
M. Hayes les date postérieurement à 5oo (op.cit).

En ce qui concerne la vaisselle de cuisine (Nos. 3o-4o) il nous
semble difficile de la placer, de prime abord, dans les groupes
"Late Fabrics" I-IV. Les nos. 39-4o doivent, eux, appartenir au
"Ware I". Le no. 3o a une certaine ressemblance avec le UoM Exc. I
p. 1oo-1o1 no. C42 (Ware IV), alors que le no. 35 est apparenté aux
p. 57-59 no. 3 (Dep. VIII, fin du Ve siècle - VIe siècle).
Le divers no. 42 semble appartenir au groupe "Late Painted Wares"
(UoM Exc. I p. 89 (V^e - VIe siècle)). Les fragments d'amphores Nos.
46-47 ont été importés, probablement de l'Asie Mineure - V^e-VIe
siècles (Exc. I p. 117).

Nous pouvons tirer la conclusion provisoire suivante :
Si nous nous basons sur la stratigraphie il est peu vraisemblable
que les objets en céramique dont la datation est généralement récente (il s'agit notamment des nos. 14-16 et 28-29) soient des
éléments d'intrusion dans les tombeaux. Il peut s'avérer nécessaire

de procéder à une révision de la datation de ces pièces. Si nous nous en tenons aux trouvailles de monnaies le creusement du tombeau ne peut, d'aucune manière, être postérieur à env. 5oo ap. J.-C.

CHOIX DE CERAMIQUE DU TOMBEAU AO

Bien que le tombeau AO n'ait été que partiellement excavé en 1977
on y a découvert de nombreux objets en céramique dont 7 cruches
entières, de la vaisselle de cuisine en céramique, des bols et des
morceaux d'amphores. Lors de l'examen archéologique et anthropologique, combiné, du tombeau AO, aux mois de juin et juillet 1978,
une cruche entière a également été mise au jour, ainsi que plusieurs fragments de céramique qui, dans nombre de cas, ont pu être
mis en rapport avec les trouvailles faites en 1977. De nombreux
fragments de verre ont également été mis au jour.
On peut considérer la concentration de monnaies dans le tombeau
AO comme très importante puisque l'on a trouvé dans ses couches
un total de 84 monnaies en bronze qui étaient, bien souvent, en
étroite relation, avec les ossements humains. On a, par exemple,
trouvé une monnaie frappée sous le règne de Théodose II dans la
main droite de l'un des squelettes. Mme. Anne Kromann Balling, conservateur adjoint de musée, a classé les monnaies comme suit :

- Romaines, de Constantius II (337-361) à
  Théodose II (4o8-45o) 19
- Romaines, non identifiées - IVe siècle 27
- Romaines-vandales - Ve siècle 14
- Vandales - Ve siècle 2o
- Non identifiées 4

                                                    Total   84

Comme on peut le voir sur le plan II   et sur la photo
de la fig. 23 une grande partie des objets en céramique était concentrée dans le coin nord-ouest du tombeau, vis-à-vis de l'entrée.
Trois cruches entières ont été mises au jour près du mur est, aux
pieds des squelettes AO,22 (AO,5 - AO,4 - AO,3). Et deux cruches
(AO,1o et F78-2) ont été découvertes près de la tête du squelette
AO,2o ainsi qu'un couvercle de marmite (AO,18), au-dessus du squelette AO,25.
Nous ne traiterons, dans ce qui suit, que des objets en céramique
les mieux conservés. Nous avons souligné certains des numéros de
trouvailles ou références de localisation, comme par exemple AO,4,

1:4

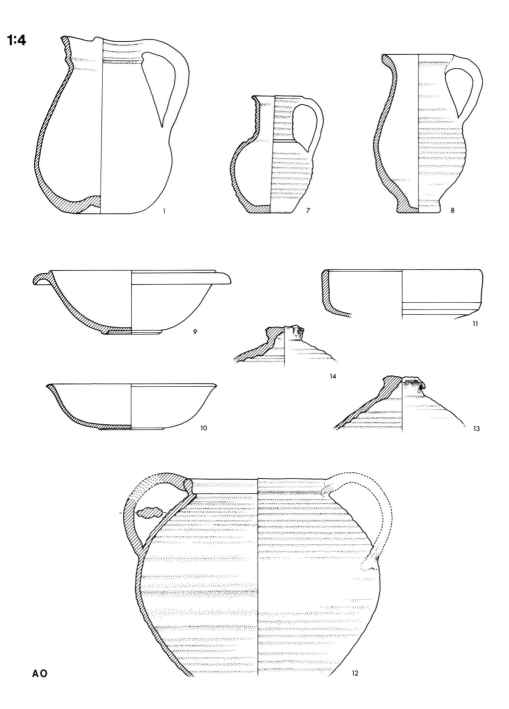

AO

103

pour indiquer qu'ils se réfèrent au plan.

CRUCHES : Il s'agit, principalement, de céramique "BUFF" de la
        basse époque romaine.

1. Cruche à embouchure trilobée. Panse piriforme. Le fond est con-
    cave et pourvu d'un bouton central. Anse à bande avec quatre
    rainures parallèles. La partie qui se trouve sous le rebord
    est profilée. Engobe fin de couleur lo YR 8/2-8/3 (white/very
    pale brown). Pâte de couleur lo R 6/6 (light red) avec des par-
    ticules calcaires. Cette cruche est entièrement conservée à
    l'exception d'un tesson collé sur le rebord.
    H : 18 cm 8, D mx : 15 cm 5 (AO,4).

2. Même forme que la précédente, mais sans rainures sur l'anse
    et sans profilage sous le rebord. Surface chamois, pâte rouge
    grisâtre. Cette cruche est de très mauvaise qualité avec des
    fissures dans le fond et sur le côté.
    H : 17 cm, D mx : 12 cm 2.
    Fig.40 (AO,lo).

3. Cruche à embouchure trilobée. Corps ovoïde à fond plat. Anse
    à rainures et section ovale. Il y a deux profilages sous le
    rebord. Partie inférieure de la panse rainurée au tour. Sur-
    face de couleur 5 YR 8/6-7/4 (pink) avec des traces distinctes
    de ravalement et un certain nombre de particules sombres et
    blanches. Entièrement conservée.
    H : 12 cm 5, D mx 8 cm.
    Fig.41 (AO,6).

4. Même forme que la précédente, mais avec une vague ébauche de
    pied à rondelle. Anse à bande rainurée. Corps rainuré au tour.
    La couleur de l'argile change dans le cadre de lo YR 8/ . Le
    vert-de-gris a modifié la coloration de plusieurs grandes sur-
    faces. Une grande partie de l'embouchure ainsi que certaines
    parties du corps manquent (ne se voit pas sur la photo).
    H : 13 cm 7, D mx : 8 cm 2.
    Fig.42 (AO,3).

5. Cruche à grande embouchure trilobée et petite panse presque à
    double cône. Vague ébauche de pied à rondelle. Profilage sous
    le rebord de l'embouchure. Corps rainuré au tour. La couleur

Fig. 4o.

Tombeau AO. Cat.no. 2.
H : 17 cm.

Fig. 41.

Tombeau AO. Cat.no. 3.
H : 12 cm 5.

Fig. 42.
Tombeau AO. Cat.no. 4.
H : 13 cm 7.

Fig. 43.
Tombeau AO. Cat.no. 5.
H : 11 cm 2.

Fig. 44.
Tombeau AO. Cat.no. 6.
H : 14 cm 8.

Fig. 45.
Tombeau AO. Cat.no. 9.
D mx : 22 cm 4.

de l'argile change dans le cadre de lo YR 8/   . La pâte est
légèrement plus rouge. Il manque une grande partie du rebord.
H : 11 cm 2, D mx : 7 cm.
Fig. 43 (AO,7).

6. Cruche à embouchure trilobée. Corps ovoïde avec un petit pied
en rondelle. Surface chamois, rainurée au tour. Entièrement
conservée.
H : 14 cm 8, D mx : 9 cm 6.
Fig. 44 (AO,8).

7. Cruche à embouchure circulaire. Le col prend naissance sur une
panse presque globulaire à fond plat. Anse à bande rainurée.
Col et panse rainurés au tour. Argile chamois, 5 YR 8/2 (pale
yellow), pâte un peu plus rouge. Entièrement conservée.
H : 12 cm 5, D mx : 9 cm 2. (AO,5).

8. Cruche à embouchure circulaire. Panse presque à double cône et
avec un pied à rondelle haut. Partie inférieure de la panse
rainurée au tour. Argile comme au no. 7.
H : 17 cm, D mx : lo cm 4. (F78-2).

DIVERS

9. African Red Slip - Terre sigillée claire. Bol à bourrelet
(flanged bowl) et pied annulaire bas. Engobe rouge légèrement
brillant sur la partie supérieure du bourrelet et le rebord
(2.5 YR 5/8) ainsi que sur le fond, à l'intérieur. De grandes
parties du côté intérieur 7.5 YR 7/8 (reddish yellow) ont subi
une modification de leur couleur en gris et noir. Sur le fond,
à l'intérieur, motif à plumes à la roulette. Composé de plusieurs fragments trouvés dans les couches AO,14 et AO,15. Voir
Hayes LRP form 91A fig. 26 (Ve siècle).
H : 6 cm 8, D mx : 22 cm 4.
Fig. 45.

lo. Bol à petit pied annulaire. Pâte et surface mate de couleur
2.5 YR 6/6 (light red). Fortement cuite. Traces concentriques
de façonnage au tour sur le fond, à l'intérieur.
H : 4 cm 6, D mx : 19 cm 1. Composé de plusieurs tessons provenant de la couche 2 m du tombeau AO et de la couche AO,14.

11. Côté d'une marmite basse. Pâte de couleur 2.5 YR 6/6 (light red). Les parois intérieure et extérieure sont charbonnées en noir à gris.

12. Marmite avec panse globulaire et deux anses verticales rainurées. Le rebord a été enlevé. Panse rainurée au tour. Pâte et côté intérieur de couleur 2.5 YR 6/6 (light red). Le côté extérieur est charbonné en gris à gris-noir. Composé de plusieurs tessons provenant de la couche 2 m du tombeau AO ainsi que des couches AO,15 et AO,9.

13. Couvercle d'ustensile de cuisine. Pâte grossière de couleur 2.5 YR 6/8 (light red). Côté intérieur rainuré au tour.

14. Couvercle d'ustensile de cuisine. La pâte et la surface sont toutes deux grises avec des apports rougeâtres (AO,18).

Analyses anthropologiques provisoires des squelettes découverts dans les tombeaux AG et AO. Fig.20-23. Plan II.

Bruno Frøhlich et David Kopjanski, University of Connecticut.

C'est suite à la découverte du tombeau collectif AO, en 1977, que les soussignés furent appelés, en juin et juillet 1978, à procéder, à une étude tant archéologique qu'anthropologique du tombeau en question, étude qui fut combinée à une analyse des squelettes mis au jour, en 1977, dans le tombeau AG.

Ces tombeaux ont, tous deux, la particularité d'avoir servi à des enterrements collectifs dans des pièces réutilisées dont on a fracturé le sol. On a trouvé 5 individus dans la pièce nord AG et 3o individus dans la pièce sud contiguë AO (Devant le vestibule de la pièce AG on a également découvert un squelette d'enfant, ce qui nous donne un total général de 36 squelettes).

L'étude archéologique et anthropologique effectuée en 1978 a eu pour but d'éclaircir les points suivants :
1) La construction du tombeau collectif AO en tant qu'ensemble;
2) L'emplacement de chaque squelette;
3) La datation du tombeau (basée sur la découverte de pièces de monnaie et d'objets en céramique);
4) L'identification de la race de l'ensemble des individus mis au jour;
5) La détermination de l'âge et du sexe de ces individus;
6) Un examen pathologique;
7) La cause du décès des individus enterrés; et enfin
8) La comparaison avec d'autres informations disponibles (évaluation des écarts biologiques et des âges réels escomptés).

1) Nous avons pu identifier, de façon sûre, dans le tombeau AO, trois couches de squelettes différentes. La couche supérieure recouvrait environ 60 % de la surface de la pièce sud. Cette couche contenait 6 individus adultes placés parallèlement sur le dos, la tête orientée vers le sud. A environ 1o cm au-dessous de cette couche on a découvert une deuxième couche couvrant environ 75 % de la surface de la pièce et contenant 7 individus placés comme l'étaient ceux de la couche supérieure, à cette différence près que leurs têtes étaient orientées vers l'ouest,

c.-à-d. à angle droit par rapport à la couche supérieure. Dans
le coin sud-ouest de cette même pièce on a découvert sous et
au-dessus des pieds de la deuxième couche encore 7 individus
dont la majeure partie étaient âgés de moins d'un an au moment
du décès. En plus des individus trouvés dans ces trois couches
limitées on a également trouvé 7 individus dont nous avons pu
fixer l'âge à moins de deux ans ainsi que des fragments de
squelettes de 3 individus adultes dont nous n'avons pas pu déterminer les liens avec les trois couches décrites ci-dessus
en raisons de leur fort mauvais état de conservation.

2) Tous les individus adultes étaient placés, allongés sur le dos,
les pieds étroitement serrés l'un contre l'autre. La main gauche
et, en partie, l'avant-bras gauche étaient placés sous la partie gauche du corps dans tous les cas alors que la main droite
et l'avant-bras droit étaient, eux, placés le long du côté
droit du corps. Deux des individus âgés d'un an étaient placés,
respectivement, sur le côté gauche et sur le côté droit, les
visages se regardant.
A l'exception du placement de ces deux individus il semble que
le placement des autres individus jeunes ait été, plus ou moins,
dû aux effets du hasard.

3) Voir p 100-102

4) Bien que les crânes soient, dans la plupart des cas, dans un
très mauvais état de conservation et, parfois, complètement
détruits ou, tout simplement manquants, certains d'entre eux
présentent, cependant, des traits typiquement européens. Mais
il ne nous est, malheureusement, pas possible dans l'état actuel des choses de déterminer, de façon définitive, la race à
laquelle appartiennent les individus excavés pour la simple et
bonne raison que nous ne possédons pas d'informations compara-
tives sur des squelettes provenant d'Afrique du Nord et datant
de la même époque.

5) Les meilleurs éléments nous permettant de différencier le sexe
des individus en question nous sont donnés par les différences
morphologiques du crâne et de la région pelvienne. Nous n'avons

pu nous servir de la région pelvienne que dans quelques rares
cas, alors que le crâne ou les fragments de crâne ont pu nous
servir dans 15 cas sur 21. Nous attirons votre attention, ici,
sur le fait qu'il n'est pas possible de déterminer le sexe des
individus n'ayant pas atteint 15 ans environ au moment de leur
mort. Dans deux des cas l'appartenance des individus au sexe
masculin est douteuse (car il n'y a pas une concordance à 100%
entre deux observations faites indépendamment l'une de l'autre).
Ceci a son importance puisque l'on devrait pouvoir s'attendre
à trouver un nombre égal d'individus du sexe masculin et du
sexe féminin, à condition qu'il ne s'agisse pas, toutefois,
d'un enterrement collectif résultant de faits de guerre, cas
dans lequel il est naturel de trouver plus d'individus du sexe
masculin que du sexe féminin ou même uniquement des individus
du sexe masculin. Bien que le matériel dont nous disposions
indique qu'il y a 11 individus de sexe masculin et 4 individus
du sexe féminin il nous reste, cependant, 6 individus dont nous
n'avons pu déterminer l'appartenance à l'un ou à l'autre sexe
ainsi que deux individus dont l'appartenance au sexe masculin
est peut-être erronée et cela nous laisse la possibilité d'une
répartition normale entre le nombre d'hommes et de femmes dans
le tombeau collectif. On peut, donc, considérer comme admissible
la conclusion selon laquelle les squelettes du tombeau collectif se répartissent en un nombre égal d'hommes et de femmes
bien que les chiffres indiquent, en fait, que les hommes sont
en surnombre. Nous n'avons pas trouvé d'objets funéraires dans
le tombeau, pouvant nous donner des indications quant au sexe
des squelettes.

La détermination de l'âge des différents squelettes présente
un certain intérêt étant donné qu'elle peut nous aider à trouver la cause du décès. L'âge de l'individu au moment de sa
mort se détermine de deux façons différentes :

a) Par des observations macroscopiques du crâne, de la région
   pelvienne et des longs os creux et, pour les individus
   jeunes, par des observations du degré d'évolution des dents
   et de certains os; et

b) Par des examens microscopiques du tissu osseux des longs
   os creux.

Il s'est révélé que le nombre d'ostéons et fragments d'ostéons
par unité de volume est en corrélation avec l'âge : le nombre
d'ostéons et fragments d'ostéons par unité de volume augmente
proportionellement à l'âge. Cette méthode de détermination de
l'âge est surtout utile dans les cas où l'individu est relativement âgé étant donné qu'il est très difficile de déterminer l'âge à partir des ossements d'individus âgés de plus de
45 ans à l'aide seulement d'examens macroscopiques. Les déterminations d'âge actuelles se font uniquement sur la base de la
première méthode. Les résultats obtenus par l'utilisation de
la seconde méthode peuvent, éventuellement, modifier, dans
certains cas, la détermination de l'âge étant donné que les
squelettes que l'on situe dans le groupe des individus âgés
de 40 à 45 ans peuvent, tout aussi bien, être âgés de 50 à 70
ans.

Le tableau nous donnant la répartition des sexes et des âges
présente un grand intérêt en ce sens que nous pouvons y con-
stater qu'il y a surtout des individus âgés d'à peu près un
an ainsi que des individus âgés de plus de 25-30 ans, dans le
tombeau collectif. Il n'y a donc absolument aucun individu âgé
de 5 à environ 25 ans. Sur les 35 individus qu'on y a trouvé
il y en a 4 dont nous n'avons pas pu déterminer l'âge de façon
sûre en raison du mauvais état des restes. Mais ces 4 individus
sont, cependant, tous des adultes et, d'après ce que nous pouvons en juger, des adultes appartenant au groupe des personnes
âgées.

La détermination de l'âge et de la race des individus nous a
permis d'évaluer la hauteur de ceux-ci de leur vivant. Cette
évaluation est basée sur la mesure des longs os creux. Mais
cette évaluation dépend, cependant, de la sûreté avec laquelle
la race ainsi que le sexe de ces individus ont été déterminés.
Si la détermination de ces deux éléments est sûre on peut affirmer que la hauteur moyenne calculée pour les hommes est d'environ 165 cm et pour les femmes d'environ 153 cm. Mais ces chiffres doivent être considérés avec une certaine réserve, pour le
moment, étant donné qu'ils sont basés sur un nombre très restreint d'individus.

6) Il n'y a que très peu de maladie humaines laissant des
    traces sur les os. Dans les rares cas où l'on a pu observer
    une soudure des vertèbres dorsales ou des os de la partie in-
    férieure des jambes on peut affirmer, de façon sûre, que les
    individus en question ont dû être fortement handicapes, de
    leur vivant, par ces déformations. Mais rien ne permet de dire
    que ces déformations sont à l'origine du décès, même si ces
    individus ont été fortement gênés dans leurs mouvements et ont
    eu beaucoup de difficultés à répondre aux dures exigences que
    la vie d'alors a peut-être posées. Dans les autres cas nous
    avons pu constater que la plupart des individus âgés étaient
    atteints de rhumatismes, surtout dans la région cervicale et
    lombaire. A cela il faut ajouter le cas d'un individu de la
    pièce nord AG présentant de graves déformations de l'articula-
    tion de la hanche. Bien que certaines dents soient atteintes
    de caries on peut dire que les dents ont été, dans l'ensemble,
    en très bon état.

7) L'une des questions les plus intéressantes concernant les tom-
    beaux collectifs est la cause des décès. Comme nous l'avons
    signalé plus haut ce ne sont pas toutes les maladies, ni sur-
    tout toutes les maladies à issue mortelle, qui laissent des
    traces sur les os. Il n'en reste pas moins que nous pouvons
    affirmer, de façon plus ou moins sûre, que tous les individus
    d'un même tombeau collectif ont dû mourir de la même manière.
    La mort peut avoir été brutale sous forme d'exécution par arme
    "piquante" ou arme à coups. Il s'agirait donc d'un massacre ou
    d'une exécution collective. Mais rien sur les squelettes ne
    prouve qu'il y ait eu de telles formes de violence. Nous n'avons,
    par exemple, trouvé aucune trace de coups sur les os. De plus,
    l'excavation ne prouve en rien que certains des individus
    aient pu avoir été liés, pieds et mains. Mais une éventuelle
    mise à mort par empoisonnement ou autre chose du même genre
    ne peut, évidemment, pas avoir laissé de traces et l'on ne
    peut donc pas l'exclure. Pour l'instant nous sommes plutôt
    portés à croire que la mort a été causée par une épidémie et/
    ou une période de famine. A ce propos il est intéressant de
    constater que ce sont justement les individus entre 5 et 2o
    ans qui manquent totalement car cela pourrait s'expliquer par

le fait que ce sont surtout ces individus-là qui ont la plus
grande capacité de résistance vis-à-vis d'une éventuelle épi-
démie ou période de famine. Alors que les individus les plus
jeunes et les individus les plus vieux sont les premiers à
mourir lorsque leur organisme est mis à rude épreuve. Comme
l'Histoire fait état de grandes périodes de famine à cette
époque nous devons tenir compte de cette éventualité. Mais
nous n'avons, cependant, que peu de possibilités de prouver
qu'il y a eu famine sur la base des ossements seuls. C'est
pourquoi nous sommes en train de préparer en examen radio-iso-
topique. C'est une méthode d'analyse dont l'archéologie ne
s'est mise à faire usage que tout récemment: en irradiant,
surtout, les longs os creux à l'aide d'un radio-isotope à iode
125 et en mesurant la force de percée on peut trouver le contenu des os en minéraux par unité de volume. On n'a pas encore
pu déterminer à 100 % si le contenu des os en minéraux se mo-
difie suite à une période de famine mais il est, par contre,
certain que des modifications dans l'alimentation d'une population donnée ou la comparaison entre la richesse en protéines
de l'alimentation d'une population par rapport à celle d'une
autre nous donneront des contenus différents de minéraux dans
les os, désignés par le BMC (Bone Mineral Content ou Contenu
des os en minéraux). Nous ne pouvons dire, à l'heure actuelle,
si cette méthode d'analyse pourra nous donner des indications
quant à l'état de santé des individus du tombeau collectif.
La réponse ne nous en sera donnée que lorsque nos recherches
auront été menées à bien, dans les douze mois à venir.

8) Les résultats issus des enquêtes anthropologiques seront, surtout, utilisés pour nous renseigner sur la population même,
représentéepar les individus découverts dans les tombeaux collectifs. Mais le matériel dont nous disposons est, malheureusement, si restreint qu'une étude de la population basée sur des
calculs des âges réels escomptés des différents groupes d'âge
ainsi que sur le calcul des distances biologiques entre la
présente population et d'autres populations apparentées n'est
pas possible à l'heure actuelle. Mais nous espérons pouvoir
comparer nos informations avec les informations obtenues lors
d'autres excavations pratiquées dans la même région. Nous pou-

vons, par exemple, mentionner le fait qu'une équipe d'archéologues de l'Université du Michigan a découvert quelques tombeaux contenant des individus relativement jeunes datant de
la même époque que le tombeau collectif signalé plus haut.
Nous n'avons pas pu trouver de plus amples renseignements concernant cette population mais nous espérons, cependant, pouvoir
trouver suffisamment de matériel que pour permettre une analyse
statistique et étendre ainsi nos connaissances quant à la bio-
logie de la population durant la basse époque romaine ainsi
que la période vandale.

Sexe \ Age	>1	1-5	5-10	10-15	15-20	20-30	30-40	40+	Adulte	Total
Masculin	–	–	–	–	0	5	1	5	0	11
Fémenin	–	–	–	–	0	0	3	1	0	4
Non identifié	10	4	0	0	0	2	0	0	4	20
Total	10	4	0	0	0	7	4	6	4	35

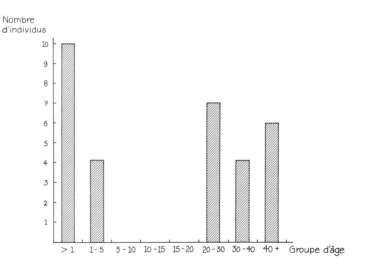

Fig. 46.

LES INSCRIPTIONS

1. Fragment de dalle trouvé, le 22 avril 1975, dans le carré 3o/
   5o, loc. 27.93/51.1o, niv. 13.o3. No. d'inv. F 75-4o.
   Fragment de dalle de marbre blanc, brisé de toutes parts; L :
   11 cm 5, H : 7 cm 8, Ep : 2 cm 4; rainure rectiligne horizontale qui a le même sens que la lettre, sur le revers. Fig.47 .

                         D

   Seule la partie supérieure de la lettre a été conservée; H :
   4 cm env. Elle a été gravée en profondeur et de façon régulière.

2. Fragment de dalle trouvé, le 3 mai 1975, en dehors de la zone
   des fouilles. No. d'inv. F 75-16o.
   Fragment de dalle de marbre blanc, brisé en trois endroits; le
   bord gauche est mouluré. L : 12 cm 5, H : 13 cm, Ep : 3 cm 2.
   H des lettres : 4 cm env. Le revers conserve des traves de ci-
   seau, la face est polie. Fig. 48.

                        M.M.
                        LAVDE
                          .

   L. 1 : points de séparation triangulaires.
   L. 2 : la dernière lettre peut être soit un E soit un I. Un A
          semble devoir être exclu à en juger d'après le calque,
   le trait droit de cette lettre dépasse le point de la liaison.
   Les lettres sont assez allongées et montrent l'influence de
   l'écriture cursive; ces traits indiquent une datation du IIe
   ou IIIe siècle.

3. Fragment de dalle trouvé, le 6 mai 1975, dans le carré 3o/5o,
   loc. 28.8/54, niv. 12. No. d'inv. F 75-191.
   Fragment de dalle de marbre bleuâtre, brisé de toutes parts;
   L : 13 cm 3, H : 9 cm 3, Ep : 2 cm 3. H des lettres : 6 cm env.
   La face est incrustée de terre, les lettres sont assez effacées.
   Fig. 49.

                        MAVG

Fig. 47.
Inscription.
Cat.no. 1.
L : 11 cm 5.

Fig. 48.
Inscription.
Cat.no. 2.

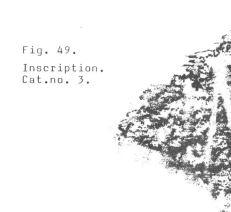

Fig. 49.
Inscription.
Cat.no. 3.

Fig. 5o.
Inscription.
Cat.no. 4.

Traces indéchiffrables à gauche. La dernière lettre paraît
sûre. Les lettres sont un peu allongées : mêmes traits que pour
le no. 2. A dater du milieu du IIe siècle env.

4. Fragment de dalle trouvé à la surface. No. d'inv. F 75-222.
    Fragment de dalle de marbre blanc, brisé à droite et dans le
    bas; le bord supérieur est intact et le bord gauche usé. L :
    12 cm, H : 1o cm 3, Ep : 2 cm 2. H des lettres : 2 cm 5 env.
    L'inscription a dû être exécutée sur deux dalles dont celle
    de gauche manque. Fig. 50.

    dis mani] BVS.SAC [rum
              MAIOR.P
       an] NIS.VIII
              ST
              ° °

Lettres régulières, gravées en profondeur. Point entre les mots.
A sans barre de liaison, le trait droit dépasse la pointe de
la liaison.
L. 2 : on pourrait compléter P [ia vixit selon la formule
très souvent en usage dans les inscriptions du cimetière des
officiales à Carthage. Le nom de Maior fut, à en juger d'après
les indications du CIL VIII, plus commun chez les femmes que
chez les hommes; on le trouve, bien entendu, le plus souvent
chez les personnes âgées.
L. 4 : ce qui reste de la dernière ligne peut être lu comme
suit : ST (par exemple : hic situs 2] ST), ou peut-être SE.
Date probablement du IIe siècle.

5. Fragment de dalle trouvé, le 22 septembre 1977, dans le carré
    25/4o, loc. ouest 22.6o/n. 44.25, niv. 9.99. No. d'inv. F 77-
    76.
    Fragment de dalle de marbre blanc, intact à gauche et dans le
    haut; L : 17 cm, H : 13 cm, Ep : 2 cm 7. H des lettres : 6 cm.
    La face est lisse; il y a trois trous qui ne percent pas la
    dalle et qui ont été pratiqués sans égards pour l'inscription.
    Au dos, traces d'enduit.
    Fig.51.

Fig. 51.
Inscription.
Cat.no.5.

Fig. 52.
Inscription. Cat.no. 6.

L. 1 : barre transversale du A en v.

L. 2 : on peut aussi lire EI. La barre inférieure de l'F semble
être égale à ou plus longue que l'autre.

Date, probablement, du IIe siècle.

6. Fragment de dalle trouvé, le 15 octobre 1977, dans le carré 35/
45, loc. ouest 30.26/n. 45.45, niv. 11.06. No. d'inv. F 77-419.
Fragment de dalle de marbre blanc, brisé de toutes parts; les
fractures sont usées. L : 8 cm 3, H : 5 cm 3, Ep : 1 cm 9. H
des lettres: 3 cm 5 env. Le symbôle est, lui, un peu plus haut
: 4 cm 5 env.

    Fig. 52.

    Inscriptions des deux côtés :

    a: CEN

    . .

    b: chrisme constantinien entouré de
    vestiges illisibles.

    Les traits des lettres sont identiques des deux côtés et sont
gravées de façon peu profonde, comme un graffito. Le monogram-
me n'est pas accompagné des lettres apocalyptiques. Le P est
allongé et le X a été gravé en trois temps; la barre oblique,
à droite, est faite de deux traits dont la partie supérieure
ne s'unit pas à l'autre.

    L'inscription b date probablement du IVe siècle. 1)

7. Fragment de tuile trouvé dans le carré 35/48, dans le puits
BB 1, en 1975.

    Fragment de tegula, brisé en deux. Le bord droit est relevé;
la partie inférieure du rebord a été retirée. Le bord gauche
a dû avoir la même forme, mais il est cassé : les modifications
subies à gauche et dans le haut s'expliquent par un réemploi.

    L : 32 cm, H : 41 cm, Ep : 2 cm 6.

    Fig. 53.

    Au milieu de la face, vers le bas, il y a un cachet rectangu-

laire, placé irrégulièrement dans un cercle tracé d'un doigt,
dont le segment inférieur est retranché par le bord. Dimensions
du timbre (cachet) : lo cm 3 x 3 cm l, H des lettres (elles
sont relevées) : 1 cm env.

D.F. MACEDON   De fig(u)linis Macedonianis
L.P. CASSIORUM L. (et) P. Cassiorum

L. 1-2 : les points de séparation sont triangulaires.
Des cachets à peu près identiques se retrouvent dans le CIL
XV 1, no. 283 (Rome et environs); la seule différence entre
notre tuile et les 14 exemplaires du Corpus est l'absence de
la conjonction et entre les prénoms des deux propriétaires (ou
fermiers) de notre tuile. M.H. Bloch a cependant publié dans
son ouvrage "Harvard Studies in Classical Philology LVI-LVIII",
1947, p.21, la photo d'un cachet rectangulaire conservé à l'An-
tiquarium Comunale : De F. Macedon / L.P. Cassiorum (No. 66,
de Not. degli Scavi 1888, 735). Certaines des autres estampes
reproduites par M. Bloch dans le même ouvrage montrent P. Cassius seul, avec l'officinator C. Lusidius Adiutor (ibidem no.
67), et P. Cassius Cae ... (no. 68).

Dans le CIL XV, M. Dressel propose la date saeculi primi fere
exeuntis et M. Bloch partage cette opinion dans sa grande étude sur les timbres (cachets) : I bollo laterizi romani. 2)
Il ne semble pas que l'on puisse, à l'heure actuelle, donner
une datation plus précise. Les figlinae Macedonianae, situées
près de la Via Salaria, ont appartenu, sous le règne de Trajan,
à Antonia Malliola et, plus tard, sous le règne d'Hadrien, à
T. Statilius Maximus Severus Hadrianus; 3) il est dont possible qu'elles aient appartenu aux Cassii avant le règne de Trajan. On s'est souvent servi, dans une même officine, de cachets
soit circulaires (ou lunaires) soit rectangulaires. Ces derniers qui étaient faits de métal étaient utilisés pour les surfaces les plus résistantes et grossières, et surtout sur les
grandes briques des courtines. 4) Il est, par conséquent,
anormal de trouver, ici, sur une tuile, un timbre (cachet)
rectangulaire, mais cela explique, peut-être, le cercle appliqué en imitation d'un cachet circulaire, autour de l'estampe
(??). Il faut noter que les cachets circulaires appartiennent,

en règle générale, au 1er siècle. 5)

NOTES :

1. Le chrisme constantinien appartient, en principe, au IVe
    siècle; il se retrouve, cependant, de temps à autre, jusqu'à
    l'époque byzantine. Pour un aperçu général des symbôles et de
    leur histoire, voir l'ouvrage de M. N. Duval : Recherches ar-
    chéologiques à Haidra I, Les inscriptions chrétiennes (Coll.
    Ec. Fr. de Rome 18), 1975, p. 334 s.

2. M. H. Bloch : I bolli laterizi e la storia edilizia romana,
    Studi e materiali del Museo dell'impero romano 4, 1947, p. 2o4.
    Voir aussi p. 2o1, no. 1778.

3. Op. cit. p. 337.

4. Op. cit. p. 342, voir aussi p. 24.

5. Op. cit. p. 23 s.

Fig. 53.

124

Appendice 1

par Elga Andersen.

Pour les besoins du levé de plan et de la planification des tranchées nous avons choisi toute une série de points fixes, tous les
5 mètres, sur les deux lignes principales orientées, plus ou
moins, nord/sud et est/ouest (nous avons déplacé la ligne nord-sud
de 2 degrés vers l'est par rapport au nord magnétique).
Sur la base de ces points fixes que nous avons marqués sur le terrain par des tuyaux de fer nous avons pratiqué un quadrillage du
site, quadrillage que l'on peut voir sur le dessin "QUADRILLAGE
SCHEMATIQUE". Chaque carré a cinq mètres de côté et représente une
tranchée qui est désignée par les coordonnées de son coin sud/ouest.
La tranchée qui se trouve entre les lignes 25 et 3o ouest et 35 et
4o nord est, par exemple, désignée par les chiffres : 3o/35

Le site est mesuré tranchée par tranchée à l'aide de lignes placées
parallèlement aux directions du quadrillage et le levé de plan
comprend tous les vestiges de constructions que l'on estime se
trouver dans leur site naturel.
Le plan qui est dessiné à l'échelle 1 : 5o comprend, par conséquent,
des parties de constructions datant de différentes époques. Les
murs sont mesurés de façon détaillée, ce qui veut dire que même
les murs construit en grands galets de mortier sont mesurés pierre
par pierre. Le but de cette façon de procéder est de donner autant
de renseignements objectifs que possible relatifs, par exemple, à
d'éventuelles transformations ou jonctions de constructions et évi-
ter, par la même occasion, diverses interprétations au moment du
mesurage.
En plus du levé de plan nous procédons, également, à des mesurages
intermédiaires, entre autres, de parties de construction qui se
sont écroulées et que nous avons dû déplacer afin de pouvoir pour-
suivre les fouilles. Bien que ces parties de construction ne se
trouvent pas dans leur milieu naturel, leur emplacement nous donne,
cependant, dans certains cas, des informations quant à l'orientation de la chute et peut nous donner des informations quant à la
construction de pièces contiguës. Etant donné que le secteur d'excavation se situe sur un terrain fortement en pente nous avons pu
recueillir un certain nombre de vestiges de voûtes et de murs qui
se sont probablement écroulés le long du versant en direction de

l'est.

Notre actuel PLAN SIMPLIFIE DE L'EMPLACEMENT DES MURS est un plan
provisoire, fortement simplifié, dont le but est de montrer l'emplacement des ruines et directions de construction dont il est
fait mention dans le texte. Ce plan a été exécuté sur base de notre
levé de plan détaillé dont nous n'avons pas encore fini de prendre
toutes les mesures.
Certains des éléments excavés dans le secteur nord-est du site
n'ont pas été dessinés sur le plan simplifié parce que nous n'avons
pas encore eu le temps de les mesurer.
En plus des plans nous avons mesuré, pour chaque tranchée, des
coupes dans les lignes qui limitent les tranchées, ce qui signifie,
en quelque sorte, que l'on obtient finalement des coupes dans toutes les lignes du quadrillage. Nous reproduisons, ici, quatre des
coupes les plus importantes à l'heure actuelle : 35 nord, 5o nord,
2o ouest et 3o ouest.

126

Stratigraphie générale - Description des coupes

Définitions et terminologie des couches

Dans la terminologie que nous utilisons nous nous sommes efforcés
d'appliquer, autant que possible, le principe selon lequel les
couches de surface proprement dites ainsi que les strates de dépôt,
c.-à-d. les éboulements qui se sont stratifiés postérieurement et
les couches issues de chutes, se voient attribuer le numéro 1, les
subdivisions étant désignées par l'adjonction d'une minuscule sans
virgule ou d'un chiffre avec virgule (par.ex. la ou 1,1). La lettre
ou le chiffre qui se trouve en deuxième position peut à son tour
être suivi d'un chiffre après une virgule afin d'indiquer une
nouvelle subdivision (par.ex. la,2 ou 1,1,3). Ce même système est
également utilisé pour les couches se trouvant sous la strate 1.
Le choix d'une minuscule en deuxième position après le chiffre 1
indique, en principe, qu'il s'agit d'une strate fort différente de
la couche de surface proprement dite (les parties inférieures du
cambium) alors qu'une virgule suivie d'un chiffre en deuxième position indique une subdivision de la couche de surface. Un chiffre
en troisième position indique, par contre, toujours une petite sub-
division d'une strate bien définie. Au dessus de la strate 1 on
trouve, s'il existe, le cambium proprement dit, dénommé "surface".

Les couches sous la strate "1" se voient attribuer un numérotage de
série "2", "3", "4", etc... et peuvent, si cela est jugé nécessaire,
être subdivisées d'après les principes exposés ci-dessus. La défi-
nition que nous venons de donner des strates pourvues du chiffre 1
a pour conséquence que les strates pourvues du chiffre 2 et de
chiffres supérieurs à 2 sont considérées comme étant des stratifications ayant un rapport chronologique direct avec les ruines découvertes. Et pour terminer nous pouvons dire que les phénomènes
locaux typiques (tels que concentrations d'argile, de charbon de
bois, etc ...) sont désignés par un chiffre romain de série.

Le système que nous venons de décrire, ici, a été appliqué le plus
souvent avec succès au cours des deux campagnes entreprises. Les
corrections relativement peu nombreuses qu'il a été nécessaire d'y
apporter en raison des modifications dans l'interprétation du

caractère et du contexte exacts des couches, modifications qui surgissent immanquablement lors de travaux de fouilles, ressortent du compte rendu que nous donnons des coupes (un tableau détaillé paraîtra dans l'édition définitive).

Afin d'illustrer certains traits caractéristiques de la situation stratigraphique du site 9o du versant nous allons vous présenter des images et commenter, de façon préliminaire, certaines parties des trois coupes suivantes : 50mN, 30m0 et 35mN (pl.III-V). Nous aimerions attirer votre attention, ici, sur le fait que chaque coupe passe, naturellement, de l'orientation N et S à l'orientation E et 0 tous les cinq mètres, chose qui ne ressort pas du dessin des plans.

La coupe 5o mètres N

La partie de la coupe que nous avons dessinée s'étend sur 2o mètres, de 15 mètres 0 à 35 mètres 0 et, comme vous pouvez le voir, le versant descend d'environ 5 m 5o sur cette étendue. Si nous avions étendu le dessin de la coupe de 5 mètres vers l'est jusqu'à la ligne principale N+S et au sentier qui court, aujourd'hui, le long du rivage, la chute aurait été d'environ 7 mètres.

Surface et strate 1

Surface, STR 1, 1a et 1b

Surface : Un cambium proprement dit comprenant du terreau apparaît spécialement dans les 1o mètres occidentaux de la coupe 50mN, entre 25 et 35 mètres 0, c.-à-d. au sommet du versant.

1a et 1b : Dans les 1o mètres orientaux entre 15 et 25 mètres 0 la couche de surface en décomposition, qui est la strate supérieure, est remplacée par la STR 1a qui est décrite comme étant une couche de sable brun clair presque pure (et stérile) avec très peu de petits cailloux. Il peut être difficile, de temps à autre, de séparer la str 1b de la str 1a. Mais dans les stratifications plus pures la str 1b apparaît comme un sable mouvant brun clair riche en cailloux et avec un certain nombre de tessons.

1. : Est une strate que l'on trouve, d'une part, sous la surface de cambium la plus récente, d'autre part, sous les couches de sable mouvant 1a et b. Elle est considérée comme étant une ancienne couche

128

de surface : argile brun foncé riche en débris de mortier, qui, à certains endroits, a cimenté l'argile très fortement. Cette strate contient de nombreux tessons et un certain nombre de grands galets disséminés.

1,1-1,2 et 1g : La couche 1,1 rappelle la str 1 mais elle est grise avec des particules d'argile. Le sable contient moins de grands galets et est moins cimenté parce qu'il contient moins de mortier. La couche 1,2 est d'un brun plus clair que la str 1 et contient moins de grands galets mais elle est, comme la couche 1, fortement cimentée par du mortier. La couche 1g est une couche de sable brun contenant des particules d'argile, de petites pierres et quelques grands galets.

1d : Est une couche de dépôt et la couche d'éboulement de la voûte de la pièce AG (fig ...). Cette couche est décrite comme étant un sable généralement instable, brun-jaune (la couleur comme la consistance étant variables), compact et contenant des galets de la grandeur d'une tête ou d'une main.

1d,1 : Est une concentration compacte de très petites pierres roulées sur la plage et noyées dans du sable.

1c, 1e, 1f : Sont, toutes trois, des couches très locales se trouvant sur les 10 mètres du sommet du versant. La couche 1c est une couche de sable brun-jaune contenant un certain nombre de petites pierres - nous n'avons d'ailleurs pas pu dégager cette couche sur les 5 mètres supérieurs où elle a, vraisemblablement, dû exister. La couche 1f est constituée de sable jaune et se situe sous la ruine AR. La couche 1e est, elle, constituée d'argile jaune-brun, fortement cimentée, et ressemble beaucoup à la Str. 1. Au fond de la couche on trouve une couche d'argile rouge, fortement cuite.

V, VI, VII, VIII et IX sont décrits comme suit : V : Terre jaune-brun légère et argileuse; VI : Sable jaune (comme 1a); VII : Terre légère brun-jaune; VIII : Concentration compacte d'argile jaune-rouge; IX : Raie de sable jaune.

Comme les formations sont, par la suite, tout à fait différentes pour la partie supérieure et inférieure du versant, nous avons divisé la description de celles-ci en deux :
1) à partir de 15mO - ± 27mO (jusqu'à la limite occidentale de la

pièce voûtée AG) et

2) à partir de $\pm$ 27m0 - 35m0

1) 15m0 - $\pm$ 27m0

Sous les strates ayant 1 comme premier chiffre les couches commencent à devenir horizontales. Ces couches se sont stratifiées avant
que la voûte surplombant la pièce AG ne se soit effondrée, comme
le prouve la présence de la strate de dépôt 1d, superposée.

2e : Terre argileuse brune contenant de nombreux débris et quelques petites pierres.

2e,1 : Terre argileuse brun foncé qui doit sa coloration foncée au
charbon de bois et contient un certain nombre de grandes pierres
(grès locaux) ainsi que du charbon de bois et des débris. Cette
terre semble être assez sablonneuse à la surface.

2e,2 : A la même couleur que 2e,1, mais est dotée de colorations
d'argile jaunes. Il y a plus de ciment blanc que dans la couche
2e,1. On y trouve beaucoup de débris et de charbon de bois.

2e,3 : Couche de sable jaune clair devenant gris souris à un niveau plus bas.

3a : On ne trouve cette couche qu'à l'ouest de la pierre de seuil,
sur la ligne 23m0, à l'entrée de la pièce AG. C'est la première
"couche de souverture" au-dessus du tombeau qui se trouve au fond
de la pièce AG (p ...). C'est une strate grise, argileuse, contenant de nombreuses taches calcaires, beaucoup de charbon de bois,
de nombreux débris (dont deux ont été enregistrés sous la désignation F 75-114) et de nombreux ossements.

3b : Cette couche se trouve à l'est de la pierre de seuil de la
pièce AG et est constituée d'un sable gris mélangé à des pierres
Houaria qui se sont effritées et d'un certain nombre de débris
dont certains ont été colorés de noir par le charbon de bois. A un
niveau plus bas on trouve une certaine quantité de graviers à fin
grain.

3b,1 : Cette couche est la partie inférieure de 3b et contient de
nombreux fragments de pierres Houaria qui se sont effritées. Elle
est colorée de rouge en raison d'une précipitation de fer.

3b,2 : Cette couche se distingue, à un endroit, vers l'ouest,
contre la pierre de seuil, de la couche 3b,1 par une couche d'en-

130

duit de chaux lisse qui, à l'origine, a, vraisemblablement, couvert une grande partie de la surface qui se trouve à l'est du seuil. Nous pouvons décrire la couche 3b,2 comme étant une couche de sable brun mélangé à du gravier, avec des colorations provenant de pierres Houaria pulvérisées. On peut observer un enfouissement sur la ligne 20mO.

AG2 : La couche peut être décrite comme étant une terre argileuse brun-jaune contenant quelques particules de chaux et de mortier.

AG2,1 : Dans la partie orientale du secteur, au-dessus du tombeau au fond de la pièce AG, la couche AG2 est remplacée par la couche AG2,1 qui est une stratification grise se composant d'un mélange de sable et de cendres; une grande concentration d'argile a pu être observée à certains endroits entre les deux couches. Dans ce mélange on trouve de très fortes concentrations locales d'ossements d'animaux. La strate contient également de nombreux débris et rivets de fer ainsi qu'un certain nombre de grands galets.

AG2,2 : A cette couche se superpose clairement la couche AG2,1 dans un secteur qui se trouve sur la ligne 25mO. Ailleurs elle est placée au même niveau, et ce dans la partie occidentale de la pièce. Dans la couche AG2,2 nous avons enregistré deux sous-couches. Ici, nous faisons la distinction entre AG2,1/AG2,2 et la sous-couche inférieure AG2,3 (la sous-couche grossière proprement dite). La partie supérieure de la strate (jusqu'au niveau 9.14) est constituée de terre grasse contenant une certaine quantité d'argile pure, un certain nombre de pierres de la grandeur d'une main, de beaucoup de charbon de bois et de très petites particules d'enduit. Un certain nombre de tessons porte la trace d'une cuisson postérieure. Il y a de nombreux ossements provenant, probablement, en majeure partie d'animaux. La partie inférieure de la strate est plus sablonneuse et de couleur plus claire. Elle contient des particules d'enduit unpeu plus grandes, du charbon de bois et des rivets de fer. C'est à ce niveau inférieur (AG2,3) que les squelettes, les vases d'argile et les rivets de fer du tombeau se sont surtout incrustés (voir ci-dessus p ...). On trouve déjà des crânes dans le bord inférieur de la couche supérieure.

2) $\pm$ 27mO - 35mO
Il s'agit, ici de ces 8 mètres environ de la coupe qui se trouvent plus haut sur le versant, à l'ouest du complexe d'habitations AO,

AG, CL et AS, chose qui a eu une grande influence sur le caractère des strates, en tous cas pour ce qui est des premiers mètres à l'ouest de l'emplacement occidental du complexe (voir plan ...). Il est donc évident qu'une très grande partie de ces strates, et ce à une assez grande profondeur, sont des couches de remblaiement artificielles. Et c'est la raison pour laquelle la terminologie de ces strates ne suit pas le même modèle que la coupe qui se trouve plus bas, sur le versant. Nous avons relevé une caractéristique constante et qui est que ces strates contiennent moins de particules de chaux et moins de fragments de mortier que les strates situées à l'est.

2c et 2c,1 : La couche 2c nous est apparue comme la première surface quasiment horizontale dans le carré 3o/5o. C'est une couche de terre sablonneuse, instable et de couleur brun-jaune clair sans mortier ni particules de chaux, presque sans grandes pierres et avec seulement quelques débris et une certaine quantité de gravier enregistrée localement. La couche 2c,1 est une terre de remblaiement locale, de moindre importance, constituée d'une terre argileuse grise contenant une certaine quantité de particules de chaux.

2d et 2d,1 : La couche 2d est une concentration de terre se trouvant au-dessus de la canalisation BB (p ...., fig 4). Cette couche est constituée d'une terre argileuse grasse avec de nombreuses taches d'argile brûlée de couleur brique, de morceaux d'argile jaune foncé absolument pure, de particules de chaux et de traces de cendres et de charbon de bois. Elle contient également en certain nombre de débris et de petites pierres. La couche 2d,1 se trouve au-dessus de 2d et est constituée d'argile grise très compacte mélangée à du gravier jaune.

3 et 3,1 : La str. 3 est une strate sablonneuse de couleur brun-jaune. Elle contient de nombreuses pierres de la grandeur d'une main et quelques petites pierres. Il y a très peu de particules de chaux. La couche 3,1 a une consistance plus ferme que la couche 3 mais n'est pas fort différente de celle-ci.

STR 4,2; 4,2,1 :

STR 4,2 : Cette couche se caractérise par une terre grise, instable et à grain fin; elle est, vraisemblablement, un mélange de sable et de cendres. Cette terre contient une grande quantité de chaux et de mortier.

132

STR 4,2,1 : Cette couche est constituée de la même terre instable que la couche 4,2 mais sa teneur en chaux et en mortier est moindre que dans la strate 4,2. Elle contient, par contre, de nombreuses pierres de la grandeur d'une tête ou d'une main. On peut y observer des colorations brun-rouge. Les strates 4,2 et 4,2,1 sont considérées comme étant deux sous-couches faisant partie d'une même strate. Ces deux sous-couches sont séparées, à certains endroits, par une couche de sable jaune.

STR 4a : Est une terre grasse et brune contenant quelques petits morceaux de chaux et un peu de charbon de bois.

La coupe 30mO

Les 15 mètres de coupe que nous allons décrire, ici, se divisent naturellement en quatre parties : 1) La partie nord, de 50mN à 45mN, où la coupe suit, en grande partie, la stratigraphie de la coupe 50mN. 2) La zone qui se situe entre les deux murs de la ruine CH. 3) La zone qui se situe entre le mur sud de la ruine CH et la ruine CG6. 4) La zone qui se situe entre la ruine CG6 et la coupe 30mN.

1) Cette partie de la coupe 30mO suit la stratigraphie et la terminologie de la coupe 50mN jusqu'à, et inclusivement, la STR 4a avec, cependant, les remarques suivantes relatives à des phénomènes locaux :

La STR 3,2 se distingue de la STR 3 par une couleur plus claire et une terre plus sablonneuse.
XI : C'est une concentration de pierres de la grandeur d'une main ou d'une tête, incrustées dans une terre sablonneuse grise contenant des fragments de mortier (ceci est également enregistré dans la coupe 45mN).
XII : C'est une terre sablonneuse et argileuse, fortement cimentée, de couleur brun-gris, et contenant une forte concentration de débris de mortier et un certain nombre de tessons.

STR 4a,1 : Cette couche ressemble à la strate 4a mais elle a une concentration bien plus forte de charbon de bois. Cette strate se superpose à une concentration de pierres qui a été enregistrée au nord de la canalisation CO qui était, elle aussi, recouverte d'une concentration de pierres. La strate 4a,1 contient un très grand nombre de débris, de fragments de lampe et, dans la canalisation CO même, plusieurs grands vases à provisions absolument intacts.

2) Les couches se situant entre les deux murs sont avant tout marquées par la strate ld,2, mais comprennent par ailleurs :

Une Surface que l'on peut décrire, ici, comme étant une terre sablonneuse et brune avec de l'enduit de chaux et un certain nombre de pierres. On trouve dans la partie supérieure une mince couche de cambium.

la,1 : C'est une couche de sable jaune, instable, contenant un certain nombre de très petites pierres roulées sur la plage (elle se présente comme une strate bien définie dans la tranchée TR 35/40). La délimitation par rapport à 4,2,1 et 4a,2 est claire.

STR 1 : C'est une couche de sable gris-brun contenant de nombreux galets de la grandeur d'une main et une grande quantité d'enduit de chaux.

STR ld,2 : Couche de dépôt constituée d'une terre brun-gris contenant du sable et du gravier ainsi que de nombreux galets de la grandeur d'une main ou d'une tête, de quelques pierres de taille Houaria endommagées et de beaucoup d'enduit de chaux et de fragments de mortier.

3) La zone située entre le mur sud de la ruine CH et le "pilier" CG6. Dans la zone située entre le mur sud de la ruine CH et la coupe 30mN il n'a pas été possible de distinguer entre une couche de surface proprement dite et la STR ld,2 comme nous l'avons fait plus haut. La limite entre les couches ld,2 et ld,3 est constituée par une langue de sable de couleur brun-jaune, qui est considérée comme faisant partie de la couche ld,2.

STR ld,3 : Couche de cendres grises. La cendre légère et finement pulvérisée est mélangée à un gravier très fin qui rend la strate instable. On y trouve des débris qui s'y sont décomposés.

ld,4 : Couche de cendres remplie de graviers, bien plus dure que la couche ld,3. Elle a fortement tendance à s'écailler.
XIV : Raie de cendres dure fortement concentrée qui ne contient pas, ou peu sans faut, de graviers.
XV : Couche brun-jaune fortement cimentée. On y observe des colo-

rations provenant de pierres Houaria ainsi que de grands morceaux
de pierres de taille Houaria.

2h : Terre sablonneuse, brune, fortement cimentée, contenant un
grand nombre de pierres de la grandeur d'une main ainsi que de
petits morceaux d'enduit de mur.

La coupe 35mN

Cette coupe se divise naturellement en deux sections :

1) 3o-25mO et

2) 25-20mO.

Ces deux sections sont séparées par le mur massif CD. Dans cette
coupe nous avons également réuni la surface et la STR 1.

1) 30-25mO

STR 1d,2 : Couche de dépôt qui se poursuit comme dans la coupe 30mO,
surtout dans la zone située entre 30mO et le "pilier" CG.

1d,3 : Voir la description de la coupe 30mO.

1d,5 : Semblable à la couche 1d,3 mais avec une autre couleur.

CM :   La ruine CM est probablement le résultat d'une chute provenant de la ruine CD.

1,7. 1,7,1 et 1,7,2 : Ce sont toutes des couches locales différentes constituées de couches de sable jaune.

2h :   Voir la coupe 30mO.

2) Cette section contient, entre autres, le profond sondage entre
les ruines CD, CC et ....

Surface et STR 1 : Ces couches peuvent se décrire comme étant constituées d'une argile sablonneuse, fortement cimentée, comprenant
de petits morceaux de chaux provenant principalement d'un enduit
de chaux, ainsi que des pierres de la grandeur d'une main à la surface.

1,6 : Cette couche qui est constituée d'une argile sablonneuse, grise
et meuble, contenant beaucoup d'enduit de chaux (provenant d'un enduit de mur) est plus sablonneuse que la surface/STR 1. Nous y avons
observé un peu de charbon de bois.

CD,2 : C'est une cavité contenant des tuiles et des cônes de voûte dans du sable calcaire.

1,6,1 : Terre poreuse, brun-rouge, mêlée de terreau, contenant une certaine quantité de charbon de bois ainsi que quelques morceaux d'enduit de chaux.

1,6,2 : Terre semblable à celle de 1,6,1 mais avec du gravier.

2 1 : Argile sablonneuse et brun-gris avec de nombreuses petites particules calcaires provenant d'un enduit, de nombreux débris et un peu de charbon de bois.

2 1^X : Cette couche se différencie de la couche 2 1 par sa couleur plus rouge et une consistance plus argileuse. On observe de nombreuses particules d'argile jaune dans la coupe.

XVII : Masse argileuse brun foncé d'un caractère parfaitement homogène. S'agit-il d'un poteau transformé ?

2 1, 1-2 : Terre d'argile brun-rouge avec une tendance à s'écailler lorsqu'elle sèche. Elle contient beaucoup de grands débris et de charbon de bois. On y relève aussi des concentrations d'argile, des morceaux disséminés d'enduit de chaux ainsi qu'un certain nombre de petites pierres.

CD,4 : C'est une terre argileuse, fortement colorée par le charbon de bois et truffée de débris. On y trouve des morceaux d'argile jaune mais pas d'enduit de chaux.

2 1,3-4 : Terre argileuse brun-rouge qui est, partiellement, fortement colorée en noir par le charbon de bois. Elle contient beaucoup de petites pierres, de nombreux débris et des morceaux d'argile pure. Il s'agit d'une terre homogène.

3d : Cette couche est limitée par rapport à 2 1,3-4 par une zone de sable dur de couleur jaune cari. Cette strate est constituée de sable jaune, surtout à l'est, et contient un certain nombre de pierres qui ont la grandeur d'une main ainsi que de nombreux débris. Nous avons pu y relever des zones argileuses dans la surface. Dans les couches plus profondes il y a plus de graviers. Les couches de 2 1,1-2 à 3d ressortent très clairement dans les coupes.

136

PLANS

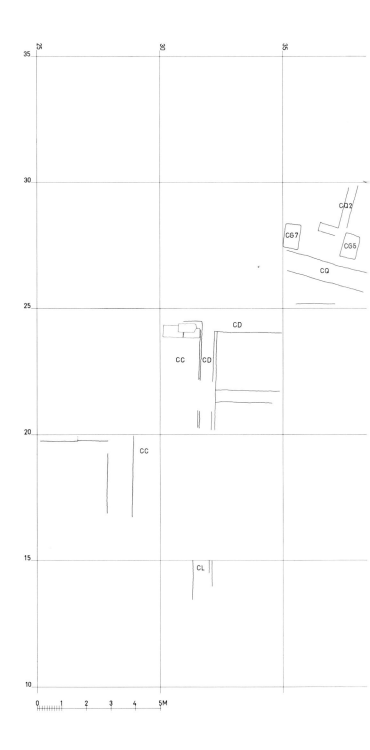

Plan I

138

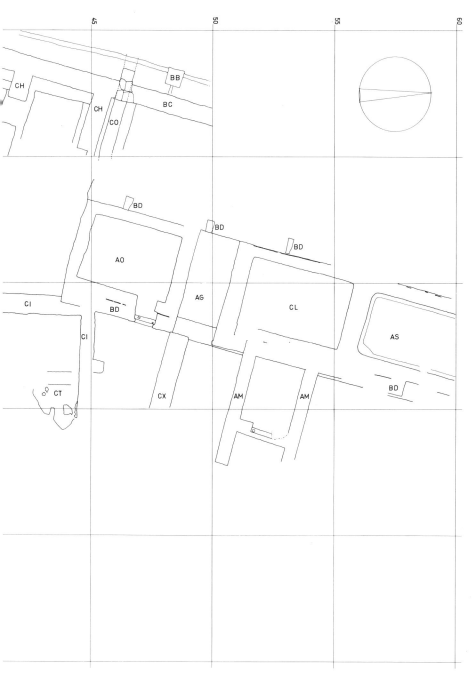

NATIONALMUSEETS KARTHAGOEKSPEDITION 1975 OG 1977.
FORENKLET PLAN AF MURFORLØB TEGNET PÅ GRUNDLAG
AF DETAILLEREDE OPMÅLINGER, MÅLT 1975 OG 1977,
TEGNET MARTS 1978   ELGA ANDERSEN.

139

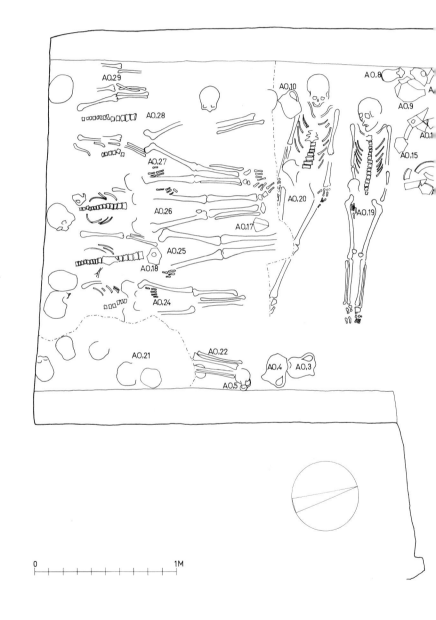

AO.29
AO.28
AO.27
AO.26
AO.25
AO.18
AO.24
AO.21
AO.22
AO.4 AO.3
AO.5
AO.10
AO.8
AO.9
AO.1
AO.15
AO.20
AO.17
AO.19

0   1M

Plan II

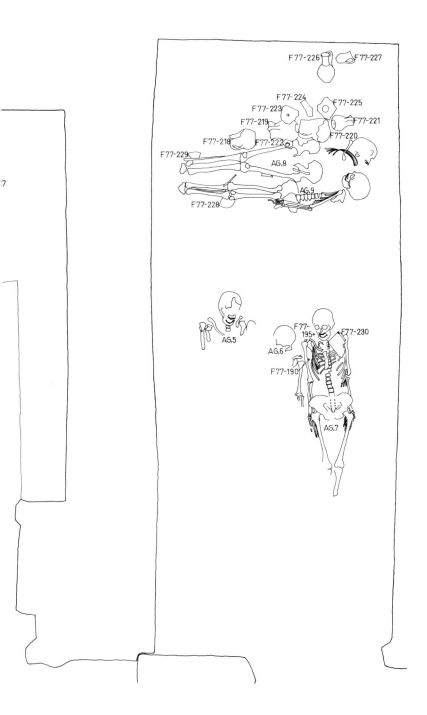

F 77-226 F 77-227

F 77-224
F 77-223 F 77-225
F 77-219 F 77-221
F 77-218 F 77-222 F 77-220
F 77-229 AG,8
AG,9
F 77-228

AG,5 F 77-195+ F 77-230
AG,6
F 77-190
AG,7

141

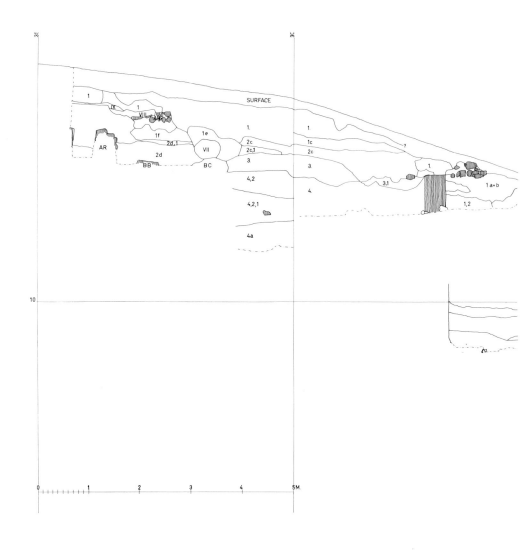

Plan III

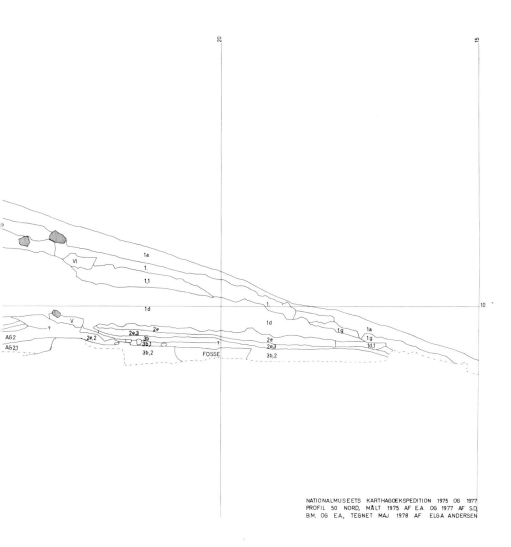

NATIONALMUSEETS KARTHAGOEKSPEDITION 1975 OG 1977
PROFIL 50 NORD, MÅLT 1975 AF E.A. OG 1977 AF S.D.
B.M. OG E.A., TEGNET MAJ 1978 AF ELGA ANDERSEN

143

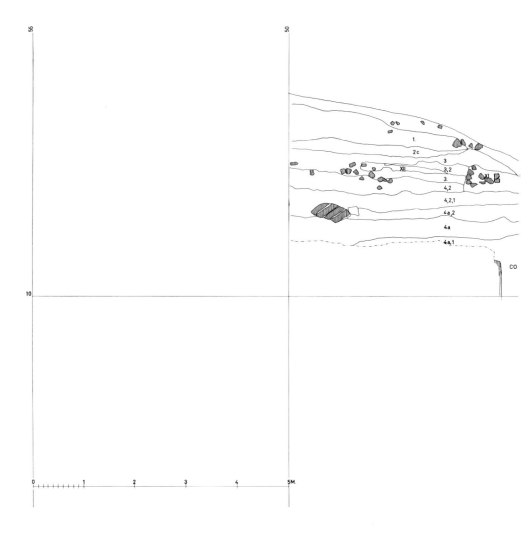

55

50

1.

2 c

3

3,2

XII

3

4,2

4,2,1

4a,2

4a

4a,1

CO

XII

10

0   1   2   3   4   5M.

Plan IV

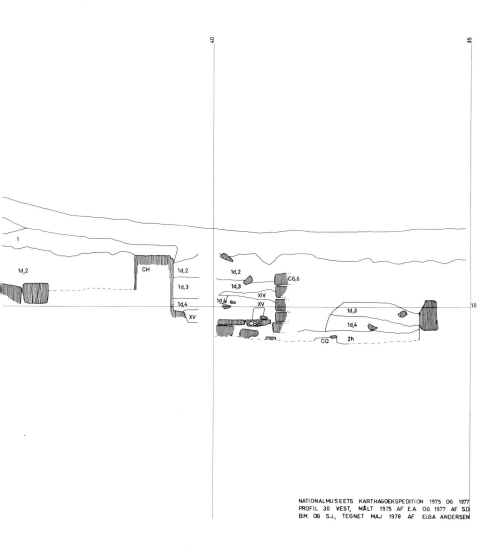

NATIONALMUSEETS KARTHAGOEKSPEDITION 1975 OG 1977
PROFIL 30 VEST, MÅLT 1975 AF E.A. OG 1977 AF S.D.
B.M. OG S.J., TEGNET MAJ 1978 AF ELGA ANDERSEN

145

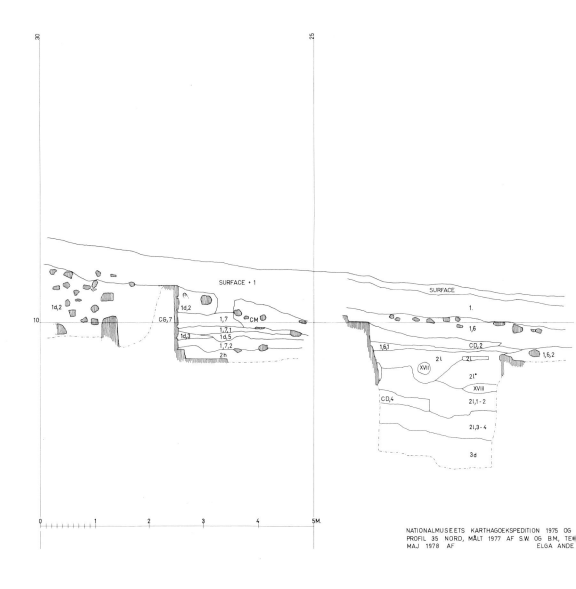

SURFACE + 1

SURFACE

1d,2

1d,2

CG,7

1,7   CM

1d,3

1,7,1
1d,5
1,7,2

2h

1.

1,6

1,6,1

CD,2

2 l   2l

XVII

2l*

XVIII

CD,4

2l,1 - 2

2l,3 - 4

3d

1,6,2

0   1   2   3   4   5M.

NATIONALMUSEETS KARTHAGOEKSPEDITION 1975 OG
PROFIL 35 NORD, MÅLT 1977 AF S.W. OG B.M., TE▪
MAJ 1978 AF   ELGA ANDE▪

Plan V